そんな営業部ではダメになる

藤本篤志

日経プレミアシリーズ

プロローグ

なぜ営業部は変われないのか

YES, WE CAN

米国初の黒人大統領、バラク・オバマ氏の有名な言葉に、「YES, WE CAN」がある。英語がわからない人でも耳に届くこの言葉は、世界中を駆け巡った。では、何に対しての「YES, WE CAN」なのかというと、いろいろな「CHANGE」に対しての「YES, WE CAN」なのだ。シカゴでの勝利宣言の中では、希望や前進、女性の権利、雇用の創出などの〝変革や改革〟に対して、「YES, WE CAN」と呼びかけたのだ。特に、「YES, I CAN」でも「YES, YOU CAN」でもなく「YES, WE CAN」の一体感が素晴らしい。この言葉が、「変革や改革に立ち向かうパワーが〝私たち〟にはあるんだ」という強いエネルギーを生み、「〝私たち〟

は変わることができる！」と誰もが期待したに違いない。

さて、「CHANGE」、つまり、変わらなければならないのは、営業部も同じだ。ところが、変わりたくても、なかなか変われない営業部がほとんどだと言っても良い。それは、なぜか？

まずは、次のやり取りを読んでいただきたい。


「前期は、二年連続目標未達成で終わってしまった。これは、創業以来、初めてのことだ。営業の諸君が日々現場で頑張っていることは、私もわかっている。しかし、私は社長として、敢えて言わなければならない。今期は、聖域なき営業改革を断行することにした。いままでの営業手法や慣習のすべての固定観念を捨てて、一からやり直す。私たちにいま必要なのは、〝CHANGE〟なのだ。営業のみなさん、営業改革をやり遂げることができますか‼」

と、全営業社員を集めた決起大会で社長が号令を発する。

「はい、できます」と全員が答える。


これは、どの会社でもよくある光景だ。しかし、数多くの営業部は、このように社長が号令を発しても、なかなか変われない。それが現実として重く圧《の》し掛かってくる。私は、「YES, WE CAN」の言葉を思い出すたびに、この「変わりたくても変われない」数多くの営業部のことを考えてしまう。本書を手に取った方々も、自分の会社の営業部のことを考えたからではないのだろうか。「なぜ営業部は変われないのか」と。

変われない具体的な原因と、変わるための具体的な処方箋は、本文で詳しく書いているので、じっくりと読んでいただきたい。

このプロローグでは、変われない営業部の深層の鍵を明らかにしたいと考えている。

さきほどのやりとりを思い出してほしい。社長の〝CHANGE〟という呼び掛けに対して、営業マンたちは、声を合わせて「はい、できます」と答えたが、問題は、この主語なのだ。けっして、「YES, WE CAN」ではない。「YES, I CAN」なのだ。つまり、「はい、〝私〟はできます」と答えているのだ。なぜ、〝私たち〟ではなく、〝私〟になってしまうのか。その答えを探し出すために、営業のありのままを俯瞰《ふかん》することから始めなければならない。

変われない営業部の深層の鍵

営業マンは孤独な仕事、とよく言われる。

なぜなら、「行ってきます！」と会社を出たら、会社に戻るまで一人で仕事をすることになるからだ。商談中にどのように切り返せば良いかわからないとき、誰も傍《そば》にいない。誰も助けてくれない。会社に戻って上司に教わりたいことがあっても、成績が悪いときは「そんなことも覚えていないから、成績が上がらないんだ！」と不機嫌な顔をされるので、いつの間にか相談すらしなくなる。みんなが顔を合わせる営業会議にしても、成績優秀者は「事務の方を含めみなさんのおかげです」とタテマエしか言わず何の参考にもならない。また、成績が悪ければ、「今度こそ頑張ります！」と意味のない決め台詞《ぜりふ》を繰り返すだけのパフォーマンスの場でしかない。もちろん、頑張るのは〝私〟だ。営業マネジャーも、「なぜ〝きみ〟は、……」と指摘するだけで、けっして「今度こそ〝私たち〟で、……」という発言をすることはない。また、その発想もない。

ところが、営業部は、それほどまでに無責任な上司が多いのかというと、そう単純な話ではない。確かに、部下の〝顔〟を見ず、部下の〝結果〟しか見ない上司もいるが、そのほとんどは、「営業マンの育成方法として、一人で積み上げる現場経験に勝るものはない」という一種の信仰に近い営業の〝常識〟に影響されている。最初は苦労しても、一人で現場経験を積むことで営業能力が磨かれると信じている人が多いのだ。一人でなければならない理由は、上司や同僚が同行して手伝うと、人に頼る癖が芽生えてしまい成長の妨げになると考えられているからだ。まるで、獅子《ライオン》の子を崖から落として、自力で這い上がってくるのを待つかのような発想だ。実際の獅子の子の多くが力尽きているにもかかわらず。

ここに営業最大の危険性が潜んでいる。

長年の営業コンサルタント経験ではっきりとわかったことは、営業部のマネジメント手法を大別すると、結果管理に重きを置いた運営（本書では、結果管理スタイルという）と、プロセス管理に重きを置いた運営（同、プロセス管理スタイル）に分かれるが、大半の営業部は、結果管理スタイルになっているということだ。営業日報やＳＦＡ（Sales Force Automation）のような営業支援システムを導入することで、プロセス管理スタイルを取り入れているつもりになっている会社もあるが、そのほとんどの実態は、それらの内容を有効活用することなく膨大な無駄を作っているだけであり、実質の結果管理スタイルなのだ。

喩えが悪いが、結果管理スタイルは、トランプのポーカーというギャンブルをしているようなものだ。ポーカーとは、配られる五枚のカードのハンド（カードの組み合せによって生じる手役のこと）の強さを競うゲームなのだが、配られたカードが何か、という結果のみでハンドが決まってしまうのだ。まるで、部下の成績結果を合計して一喜一憂しているようなものだ。

この手法がなぜいけないかというと、営業にとって大切なアプローチ、商談、クロージングという営業プロセスが一人の戦いになってしまうからだ。ここで、「YES, I CAN」の発想が芽生えることになる。まさしく、獅子の子が自力で崖を這い上がろうとするのと同じだ。

しかし現実は、多くの人が途中で挫折する。不要なカードと同じで交換要員になるだけだ。また、崖を這い上がっても、その経験で身に付いた営業能力は、我流に過ぎない。

そのような営業部が営業改革に取り組んでも、なかなか体質を変えることができず、カード任せ、つまり〝営業マンの顔ぶれ任せ〟的なギャンブルがいつまでも続くようなものだ。そんな営業部は、ますますダメになっていく。

これが、変われない営業部の深層の鍵だ。

では、変わるために必要な考え方は何かというと、〝共成〟、つまり〝共に成長する〟という発想だ。共成は、俄《にわ》か作りではできない。普段から共成の考え方が浸透していなければならない。まさしく、「YES, WE CAN」の発想だ。そのためには、営業プロセスの共有化が核となる。誰が営業しても、基本部分は同じ知識、同じノウハウを使い、同じように営業する。だからこそ、〝私たち〟で不足部分をお互いに補い合うこともできるのだ。

その共有する基本のことを、〝定石〟と呼ぶ。

営業の定石

将棋は、「最初から最後まで同じ指し手になることは全くない」と言われている。同様に、営業も「商談が最初から最後まで同じやり取りになることは全くない」と言われている。ところが、将棋と営業とでは、大きな違いがある。将棋は、無限の指し手があろうと、定石（こう指されたらこう指し返すという基本パターン）を覚えることを基本としている。一方、営業は、定石に該当する営業マニュアルを基本としている会社や営業マンは稀だ。それよりも、営業マニュアルがない会社が大半だ。なぜなら、定石など必要とされていないからだ。

営業コンサルティング現場でよくある光景を例に挙げると次のようなやり取りになる。全都道府県に支店を持つある会社の大阪支店において。

「○○支店長に確認したいことがあるのですが、中堅クラスの営業マンたちにヒアリングしていると、会社が用意している営業マニュアルをほとんどの営業マンが活用していないし、覚えてもいないということがわかったのですが、それはなぜでしょうか？」

「藤本先生（筆者注・コンサルティング先で最も多い呼ばれ方）、本社が作った営業マニュアルは正直言って役に立ちまへんのや。地方には地方の営業のやり方っちゅうもんがありますんで、ここ大阪でも大阪独特の営業ノウハウっちゅうもんが必要になってきますんやわ」

「営業マニュアルに目を通しましたが、営業の基本はキッチリと書かれていましたよ。大阪独特の営業ノウハウ云々の前に、基本は覚えておいたほうがいいと思うのですが」

「先生も知っての通り、営業っちゅうもんはいろんなお客がいるさかい、基本を覚えても無駄なんですわ。特に大阪は、本社のある東京とちゃいまして、腹と腹の探り合いをアドリブでせなあきまへんのや。『営業マニュアル読んでる時間あるんやったら、一件でも多く回ってこい！』言うて、逆にケツ叩いてるぐらいなんですわ」

まあ、この○○大阪支店長の気さくな応対には好感が持てても、営業マネジャーとしては失格と言える。営業の定石を教えず、すべてアドリブのやり取りで営業経験を積ませようとしているからだ。まさしく結果管理スタイルそのものだ。

このように定石を必要としない営業マネジャーの下では、営業結果を出し続けている限りは仕事の中身を干渉されることがないので、これほど働きやすい環境はない。その代わり、結果が出なくなった途端、頻繁に結果報告が求められるようになり、ときには仕事の中身も干渉されるようになるのだが、商談プロセス放任主義のツケがきて、営業マネジャーはどこがどのように悪いのか鋭く指摘することがなかなかできない。だからなのか、案件毎の個別内容を無視して、自分の経験則を教えることになり、教えたことと実際の現場の問題点がマッチングしないことが多くなる。その結果、ただ営業マンを混乱させるだけのマネジメントになってしまうのだ。

さて、営業の定石は、適切な営業件数、顧客分類手法、営業の回り方、商談方法、情報収集とその活用方法、知識水準、上司と部下の連携方法など営業部の行動規範となるプロセスのすべてを網羅することになる。誰もが、同じような営業を行なうためだ。そして、営業プロセスを上司と共有しているので、案件毎にチェックやアドバイス、ときにはトレーニングまで行なうことができるので、営業マンにとっては干渉されているようで窮屈に感じる部分は多いかもしれないが、営業の基本能力は着実に底上げされる。

そして、何と言っても、普段から営業プロセスを共有する二人三脚のマネジメントを行なっているので、改革を実行したいときに、受け入れやすい体質が既に出来上がっているということが最大の利点である。もちろん、プロセス管理スタイルであれば、改革が必ず成功するということを言っているのではない。改革の具体策をどのように策定するのか、という実態が伴っていなければならないのは言うまでもない。

また、営業の定石は人材育成にも役立つ。画家にはデッサン、野球にはノックと素振り、歌手には発声練習、というように、どの分野にも人材育成のための基礎訓練というものがあるのだが、営業の定石は、基礎訓練としても機能する。営業現場はアドリブだらけということで、基礎訓練を軽視する傾向にあるが、定石をマスターした営業マンのアドリブはぶれないということが、営業コンサルタント経験から確信をもって言える。

なお、営業の定石は、営業マニュアルとして文書化しておいていただきたい。その方法については、本文で詳しく書いている。

変われる営業部への第一歩

「○○常務、業績が低迷して早や二年が過ぎるが、営業部はちっとも変っていないように感じられる。良くなる気配が感じられないのだ。なぜ営業部は変われないのかね？」

「社長、本当に申し訳ございません。私の不徳の致すところです。しかし、現場の人間は頑張っております。同業の××社も同じように業績低迷が激しく、市場の地合いが悪いのも事実でございます。営業部長が集まり改善策も練っているところでございますので、いましばらくご猶予をください」

「いや、これ以上は待てない。新参者の△△社は、業界の常識を破る営業手法を取り入れて、快進撃を続けているじゃないか。確かに市場は頭打ちになっているが、原因はそれだけではないような気がする。聞くところによると、その型破りな営業手法によって、一日の商談数も当社の三倍にあたる九件もこなしているとのことだ。また、新規取引の会社も日に日に増えているとも聞く。業界トップのプライドを捨ててでも、見習うべきところは取り入れてはどうだろうか」

「社長、確かに△△社の勢いは無視できないものがあるので、私も部長連中に△△社の研究を打診したことがあるのですが、現場からの報告によると、当社は既存取引先の数が圧倒的に多く、ルート商談をこなすのが精一杯で新規開拓の時間がなかなか取れない、というのが一致した声です。また、一日に九件も商談して丁寧な商談ができるはずがなく、当社の〝一社一社大切に〟という営業方針には合わないと誰もが思っています」

「それは、本当に現場の声か？　君の意見ではないのか？　とにかく、いまのままではダメだ。すぐにでも営業改革実行本部を立ち上げて、営業プロセスをすべて見直し、大胆な改革を推し進めてくれ。本部長は私だ。わかったか」

「はっ、はい、社長」

これは、プロローグ冒頭の改革決起集会の裏話として書いたものだが、○○常務のどこか他人事の発言といい、言い訳の陳列といい、社長が本気とわかったときの狼狽《うろた》え方といい、思わず失笑してしまうが、それこそ他人事に感じなかった人は多いのではないだろうか。「当社も多分こんな感じだよ」という具合に、変わりたくても変われない営業部では、似たようなやり取りが日常茶飯のように繰り返されているはずだ。

さて、営業部が変われないもうひとつ別の深層の鍵を紹介して、本章に移りたいと思う。それは、覚悟不足だ。

変われない営業部をコンサルティングしていると、業績低迷や目標未達成の状況から脱するための具体策にしては、不適切なものが多いことがよくわかる。それは、すべて覚悟不足からきている。結果管理を強化するだけでは何も変わらないのはもちろんのこと、営業量や営業手法もいつの間にか〝いままで通り〟に戻ってしまう。さきほどの○○常務の例もそうだ。営業量も新規開拓に向ける眼も変える覚悟がないのだ。

本当に営業部を変えたいのであれば、営業レボリューションという感覚が必要だ。言い換えれば、営業大改革を断行するぐらいの覚悟をもって臨んでいただきたい。

そろそろプロローグを書き終えるが、本書は、ここで指摘した結果管理スタイルの会社でも営業改革が成功できるように工夫した。そのために、改革の手順にもページを割いたので、何度も目を通してほしい。

また、業種業態、会社の規模、営業環境、そして営業スタイルが違っても対応できるように〝営業の定石中の定石〟を書いているので、安心していただきたい。

なお、営業改革のエッセンスは、業績低迷や目標未達成の会社だけが必要なのではない。業績好調だが人材育成をもっと充実させたい会社や「営業そのものを学びたい」「自分の営業能力をもっとアップさせたい」という営業マンにも大いに役立つはずだ。是非とも参考にしていただきたい。

以上、本書は、すべての営業関係者にとっての究極の営業虎の巻、という感覚で繰り返し読んでいただければ、嬉しい限りだ。

目次

気合より準備が大切

営業学という学問がない不幸

目からウロコの現状分析手法

営業量を倍増させる方法

チームワーク量を倍増させる方法

営業知識量を倍増させる方法

営業会議を整理整頓する

L＝P＋Qが商談能力を伸ばす

営業日報の取捨選択を決断する

部下全員と一対一で面談をする

スーパー営業トレーナーを選出する

プレイングマネジャー制を廃止する

学習する組織になる

エピローグ
改革はなぜ必要なのか

営業改革はレボリューション

可能性を実現する、それが改革

第1章

営業改革、失敗の法則

〝保守的〟という大きな壁

なぜ、営業改革に失敗するのか?

答えそのものは簡単だ。保守的な自分、保守的な組織力学に負けてしまうからだ。

では、保守的とはどういうことか、ということを理解し、それに負けない術を身に付けたら、営業改革に成功するのか、というと、これがなかなか難しい。

まず、保守的という意味だが、「新しいものをきらい、旧態を守ろうとするさま」(広辞苑第五版・岩波書店)、「旧来の考え方や伝統的なやり方にこだわり続ける様子だ」(新明解国語辞典・三省堂)とある。この意味の文字面だけを捉えると、誰もが「自分は保守的な人間ではない」と思ってしまうだろう。ところが、実態は違う。営業コンサルティングの仕事を長年続けた経験からはっきりと言えることは、「保守的な人が多い」ということだ。

これを解く鍵は、「総論賛成、各論反対」という言葉だ。

〝改革〟に対しては、ほぼ全員が賛成する。政治の世界を垣間見るとそのことがよくわかる。

どの政党も、どの候補者も、全員が「自分は改革派だ。あれを変えたい。これを変えたい」と訴えて選挙を戦うが、いざ選挙が終わってみると、そのほとんどが旧態依然として何も変わらない。郵政改革を公約通りに実行した小泉元首相の人気が高かった事実から、「改革に邁進すれば人気を手に入れることができる」ということが誰にでもわかっているのだが、ほとんどの人は、それができない。政権交代を果たした民主党ですら、いつのまにか保守的な政治に変わってしまった。

なぜなら、改革に成功するためには、具体策を決め、それを実行しなければならないからだ。ところが、具体策を決める段階でさっそく〝変えることができない理由〟探しが始まり、いろいろなしがらみも邪魔して、「やっぱりこれは変えずに他を変えよう」という結論に落ち着いてしまう。いわば、改革の各論のあらゆる所に〝変えてはならない聖域〟を作ってしまい、いつのまにか〝改革〟という総論そのものを〝骨抜き〟にしてしまうのである。

その結果、「何も変わらない」という結果を招いてしまう。このような現象を「総論賛成、各論反対」という。

総論賛成、各論反対

営業改革も一緒だ。

誰もが営業改革には賛成する。現状に満足している人でも、より満足を求めて改革には賛成する。人間は飽くなき貪欲さを持っているからだ。ところが、いざ改革の具体策を取り決めようとすると、「この部分だけは以前のままにして、これ以外で改革を」と各自が口々に言い、それでも、ときに妥協を重ねながら改革の具体策をまとめたとしても、いざ実行の段になると、できない言い訳が溢れ出てきてしまい、改革が思うように進まない。挙句の果てに、〝現場の苦労〟が大手を振って一人歩きしてしまい誰もがしり込みをしてしまう。多数を占める現場から支持されなくなると、いろいろと困ってしまうからだ。

例えば、このようなやり取りの実例がある。とある会社の営業マネジャー会議にて。営業対象は法人である。

「これから、三年ほど掛けて営業改革を行なう予定ですが、それが成功するか失敗するかは、私が何を教えるかではなく、ここに集まっている営業マネジャーのみなさんが、どう取り組むか、ということにかかっています。みなさんには、その覚悟がありますか？」

「はい」と全員が返事をする。

「では、まず簡単なことから始めてみましょう。私がいただいている営業データを分析すると、一人当たりの一日の営業件数は、約三件です。まず、この営業件数を倍にしてください。つまり、一日六件です。この営業量倍増策を実行していただいている間に、本格的な営業改革の具体策を取り決めていきたいと思います。みなさん、よろしいでしょうか？」

「はい」と再び全員が返事をする。ところが、若干、その返事に勢いがない。

そして、一か月後に、営業件数の平均値を計算すると、一日平均一件増えただけの、約四件である。どこの会社もこれと似たような改革スタートとなる。そこで、マネジャー会議で全員に尋ねる。

「みなさんは、先月営業量倍増策に賛成されました。しかし、結果は、約一件増えただけです。こんな簡単なことができない理由を、遠慮せずホンネで教えてください」

なかなか勇気をもって発言する人が少ないので、大抵は私から指名する。「○○マネジャー、どのような理由が考えられますか？」

「……よろしいでしょうか。私の部下は五名なのですが、元々平均五件だった部下が一人いて、その者は六件以上できたのですが、それ以外の部下はご指摘の通り、平均四件ほどで終わってしまいました。誠に申し訳ございませんでした。部下にヒアリングしたところ、なかなかアポが取れない、六件回る時間がどうしても取れない、という意見が多かったと思います」

「では、□□マネジャー、同じ質問です。遠慮せず、部下の生の声を教えてください」

「私のところは部下七名なのですが、誰も六件に届きませんでした。その原因は、さきほどの○○マネジャーとほぼ同じなのですが、〝遠慮せずホンネで〟ということなので、それ以外の理由も正直に話します。部下全員が、量より質のほうが大切だと考えているということです。つまり、六件営業するという量ありきではなく、件数は少なくても、質を考えた案件を丁寧に営業するほうが大切だというのが部下全員の意見なのです」

「部下の考えはわかりました。□□マネジャー自身は、量と質についてどのように思うのですか」

「それは……、先生のおっしゃる量の大切さもわかりますし、部下の考える質の大切さももっともなことだと思いますし……」

「量も質も大切だとするなら、答えは簡単ですね。質の高い営業を六件回ればいいのです」

「……いえ、そういうことではなく……、質の高い営業を行なうのだから、六件という量にこだわる必要はないのではないか、という意見なのです」

「それでは、まるで六件回れない言い訳のために質の話を持ち出しているように聞こえますね。まずは量から改革する、ということが社長ともコンセンサスをとった決定方針なので、それを伝え、実行させるのがマネジャーの務めだと思うのですが……」

「おっしゃることはごもっともなのですが……」

ここまでの会話のやり取りをリアルに感じ、しかも、○○マネジャーや□□マネジャーの意見にも一理あると素直に思う方々が多いのではないだろうか。

結論を言うと、まさしくここに営業改革失敗の理由が凝縮している。本書を最後まで読んだ後、もういちど、このミーティングのやり取りを読んで欲しい。そのときには、○○マネジャーや□□マネジャーに全く同調できないあなた自身に、出会えるはずだ。営業改革失敗の理由を明確に捉えることができているあなた自身に。

「まずはやってみる」精神の欠如

保守的という大きな壁をぶち壊すための方法は、シンプルに考えると二つある。自らを変えるか、他人に変えてもらうか、のどちらかだ。ところが、このどちらの方法も実行するのが大変難しい。方法はシンプルなのに、実行が難しいのはなぜか。

その理由を考えるにあたり、次の言葉を思い出す。

「愚者は経験に学び、賢者は歴史に学ぶ」

これは、ドイツ統一に大きな貢献を果たし、一八七一年にドイツ帝国初代宰相に就任したオットー・フォン・ビスマルクの名言である。〝鉄血宰相〟としても有名だ。

この言葉は実に上手く日本語に訳されているが、原文を参照すると、この名言の核心に触れることができる。

「Nur ein Idiot glaubt,aus den eigenen Erfahrungen zu lernen. Ich ziehe es vor,aus den Erfahrungen anderer zu lernen,um von vorneherein eigene Fehler zu vermeiden.」（愚者だけが自分の経験から学ぶと信じている。私はむしろ、最初から自分の誤りを避けるため、他人の経験から学ぶのを好む）

この「他人の経験から学ぶ」ということこそ改革成功の極意のひとつなのだが、実際にこれができる人は少ない。自分の経験のほうが正しいと判断してしまうからだ。特に、営業マンや営業マネジャーは、その考え方が顕著に出てしまう。なぜなら、「どれだけ的を射た汎用的な手法を教えられても、自分たちの現場を経験したことがない人は、決して自分たちと同一の視点を持つことはできない。だから、この現場を経験している自分たちの判断のほうが正しいに決まっている」と考えてしまうからだ。

その一例として、営業経験のない人が営業マネジャーになると、必ずと言っていいほど、「現場も知らない人が、現場を知ってる自分たちをマネジメントできるわけないだろう」と陰口を叩く部下が多くなる。営業改革ではなく、たかだか営業マネジャーが変わるだけで拒否反応を示すほどだから、営業改革になるとその度合いが強くなるのは、ある意味、当然かもしれない。

営業コンサルティングを開始したばかりのクライアント現場では、次のようなことが頻発する。法人相手のルートセールスがメインのある営業会議での出来事。

「いろいろと現状分析をして、わかってきたことがあります。まず、営業に割いている時間と企画書作りに割いている時間がほぼ同じだということです。大雑把に言うと、午前中は企画書作り、午後は営業回り、というパターンです。しかも、営業成績下位の人が企画書に割く時間は、全体平均の二割増しであり、より営業時間を圧迫しています。簡単に言えば、成績が悪い人ほど営業時間が少なく、成績が更に落ちるという悪循環に嵌《は》まっているとも言えます。この悪慣習を断ち切ることがまず重要です。そのための方策は次の二点です。まず、午前最低二件、午後最低三件の商談をつねに一週間分先まで、可能な限りアポイントを入れることです。すると、『そんなに一日中営業して企画書はいつ作るのだ』という疑問が湧いてくるでしょう。対応方法は簡単です。企画書を作らなければいいのです。ほとんどの商談は口頭で説明することで事足ります。どうしても作る必要性がある場合は、成績が良い人の企画書を可能な限りコピーしてください。参考になる企画書がなく、どうしても作らなければならないときは、商談時間に影響を与えない時間帯で作るように心掛けてください。営業の仕事は企画書作りではありません。商談を積み重ねて受注を増やすことです。その営業時間を企画書作成時間が奪うというのは本末転倒です。みなさん、わかりましたでしょうか？」

「はい」

「いままでの経験で言うと、この方針に心から納得している人は少ないと思うのですが、疑問に思うことは、いまのうちに質問してください。はい、○○課長。何か意見がありそうですね」

「先生のおっしゃることは良くわかります。しかし、企画書を作らず口頭で商談するということが、どうしてもイメージできません。企画書なしで商談ができるものなのでしょうか？」

「だからこそ、一度トライしてみるのです。何事も過去の慣例に囚われてはいけません。いままでのやり方で誰もが満足する業績を挙げ続けてきたのであれば、営業改革そのものが不必要です。しかし、みなさんの場合はそうではありません。業績を立て直すための営業改革は、絶対不可避なのです。業績不振の過去に正当性を見出《みいだ》してはいけません。そのためには、すべての業務プロセスをゼロベースから見直すべきです。いままでやってきたことのない取り組みだから不安だ、と言っていては一歩も前に進みません。まずはやってみることが大切なのです」

「先生は、当社の現場の経験がないので、企画書なく商談を、ということが簡単に言えるのではないでしょうか。私たちのサービスは企画書がなければお客様に伝わりません」

「だからこそ、それもこれも含めて、一度トライするのです」

企画書が営業の足を引っ張る⁉

このやり取りは、とても重要なことを示唆している。

ここで登場する○○課長の発言は、営業改革に失敗する典型的な考え方だ。それは、「実務経験者でない限り正しい方向性を示すことができない」というものであり、裏返せば、ビスマルクが言った通り、歴史、つまり他人の経験に学ぼうとしないことを意味する。

また、このやり取りで私が伝えようとしたことは、〝不立文字《ふりゅうもんじ》〟という考え方だ。もともとこの不立文字とは、「不立文字、教外別伝、直指人心、見性成仏（経典の言葉から離れて、ひたすら坐禅することによって釈尊の悟りを直接体験する）」という禅の教えなのだが、私はこの言葉を、「いま理解できないことを頭で（言葉に置き換えて）捉えようとするのではなく、ひたすら言われたことを実行することで学ぶ」という意味で使っている。

「企画書なしで営業したことがないのでできません」ではなく、「まずはやってみる」ことで、「いままでとは違う何かを学び取る」ことの重要性を早く掴み取って欲しいのだが、実際には、この部分が苦労する。どうしても、不立文字の境地になれないのだろう。営業改革を成功させるためには、いままでのやり方を少し修正するだけ、という甘い考え方は捨て、いくつもの大胆な新しい取り組みを盛り込むことが肝要なのだが、どうしても、自分たちの経験値を基準にしてしまう。ここが、ひとつの壁と言える。

ちなみに、概念だけではなく実用的なことを言うと、実際に、企画書作成時間を大幅に削減して、その分を営業量の増加に回せば、間違いなく業績は上がる。どのような営業であっても、「企画書がなければ商談できない」というのは幻想なのだ。

また、文中に出てくる「どうしても作る必要性がある場合は、成績が良い人の企画書を可能な限りコピーしてください」ということの真意についても触れておこう。この提案には、○○課長でなくてもほとんどの人が驚くだろうから。

その真意は二つある。ひとつは、単純なことだが、時間を掛けて企画書を作っても成績が悪いのであれば、企画書が役立っていない商談が多いということなので、企画書があってもなくても結果はあまり変わらない、という現実を冷静に捉えてほしい、ということだ。企画書がない分、口頭で説明する必然性が出てくるので、そのほうが営業知識量も増えるというものだ。

二つ目の真意は、成績の良い営業マンの企画書のほうが優れている確率が高いからだ。どうしても企画書でプレゼンしたいなら、時間を掛けて自分で作った〝下手な企画書〟で行なうより、時間を省いてコピーしただけの〝上手い企画書〟で行なったほうが訴求力があるというものだ。このように言うと、「良い企画書を用いても商談能力がなければ受注できないし、営業成績が良くても企画書作りは下手な営業マンもいっぱいいます」と反論したがる人もいる。しかし、この発言が本当なのであれば、なおさら企画書はいらない。自分の発言が矛盾していることに気付いていない様子だが、「営業結果は、企画書の出来ではなく商談能力に左右される」と言っていることになるからだ。

このような滑稽な発言がよく出てくるのは、それほど〝現状〟を変えたくない保守魂が根強いということなのだ。まさしく、世界的名著『企業変革力』（日経BP社）の著者であるジョン・P・コッター・ハーバードビジネススクール名誉教授が指摘する〝変革への抵抗〟そのものだ。「企画書がどうのこうの」と、ここまで問答をしなければ動かないという姿勢ではなく、「まずはやってみる」という姿勢の大切さをわかってほしい。

みんな頑張っているのに成績が伸びない不思議な現象

営業コンサルティングのやり取りの中で、意図的に次のような発言をすることがある。「業績がいままで芳しくなかった原因を突き止めるためには、複雑にいろいろと考えるよりも、部下一人ひとりの〝サボり〟の実態を把握したほうが早いのではないでしょうか」

いままで、この問い掛けに、「私の部下は、とってもサボっています」と答えた営業マネジャーは、一人もいない。同調するとすれば、社長ぐらいだ。たまに、「みんなよく頑張っているのですが、サボっていると考えざるを得ない部下が若干名います」という営業マネジャーの発言もあるが、それぐらいだ。

自分の営業部署の恥を曝《さら》け出したくないから本当のことは言えない、とホンネとタテマエを使い分けている営業マネジャーは意外と少ない。「部下はよく頑張っている」と本気で考えている人のほうが多い。そうなる原因はふたつある。

ひとつは、私が、〝ヒエラルキーの悲劇〟と呼んでいるものだ。組織は必ずピラミッドのような階層型になる。それをヒエラルキーという。組織を単純化すれば、業務の数だけ小組織があり、それぞれの小組織にマネジャーが必要となり、それら小組織を中組織単位で束ねるマネジャー、更にその上の大組織単位を束ねるマネジャーと上層部になるにつれ人数が少なくなる。

組織が永遠に不滅であるならば、各組織単位を束ねるマネジャーは誰がなってもいいのだろうが、不滅な組織などない。組織の生き残りを賭けて、各組織単位のレベルで相対的に優秀な人材がマネジャーを務めるのが一般的だ。言い換えれば、上になればなるほど、勝ち抜いてきた人材が揃っているということになる。

そのことが〝悲劇〟を呼んでしまう。勝ち抜いてきた人材は総じて、人一倍仕事を頑張ってきた。人間は、どうしても自分のモノサシや価値基準で他人を見てしまうので、勝ち抜いてきた人材は、仕事をサボるという感覚がわからない。理屈ではわかっていたとしても、現実味がない。特に、営業のように数字という絶対値で勝ち抜かなければならない組織で働いてきたのであれば尚更だ。したがって、部下のサボりを疑わない。

「企画書を作る時間があるぐらいなら、その分商談を増やすように」という改革案にすぐに飛びつくベテランの平社員がいたら要注意だ。何か月経っても成績が上がってこなかったら、単に外出の時間が増えた分、サボっている時間が増えただけ、と推測して大きく外れることはないだろう。

しかし、私の経験から言うと、単純なサボりが全体の業績に大きな影響を与えていることは少ないので、さほどマネジメント上神経を研ぎ澄ます必要はない。もちろん、サボりが目立つ営業マンに対して個別に目を光らせておく必要はあるが。

それよりも、もっと注目しなければならないサボりがある。それは、本人は働いているつもりだが実態上サボっているに等しいサボりである。

私は、この二種類のサボりを明確に分けるために、前者の本当のサボりのことを〝意識的怠慢〟と呼び、後者の働いているつもりのサボりのことを〝結果的怠慢〟と呼んでいる。

この結果的怠慢に要する時間が、業績に大きな影響を与えているのだ。

時間損失の三つのムダ

図1は、営業力の三つの方程式を表した図だ。『御社の営業がダメな理由』（新潮新書）の中で詳しく書いているので、ご興味があれば参照してほしいが、ここでは、「営業量＝仕事時間－（意識的怠慢時間＋結果的怠慢時間）」という二列目の方程式に注目してほしい。この方程式を並び替えると、「仕事時間＝営業量＋意識的怠慢時間＋結果的怠慢時間」となり、営業マンの仕事時間は、営業量と二つの怠慢時間で成り立っているということがわかる。

営業量とは商談量のことを指すが、ここだけ〝時間〟ではなく〝量〟になっている理由は、商談時間もしくは商談件数のどちらでもカウントできるようにである。一般的には、商談件数でカウントするほうが多い。

このようにシンプルに考えると、自ずと業績アップのポイントが見えてくる。商談量をできる限り長くすることだ。そのためには、仕事時間そのものを長くすることによって確保する方法と、仕事時間を長くするのではなく、結果的怠慢時間および意識的怠慢時間をできる限り短くすることによって相対的に商談量を確保する方法がある。

まず、仕事時間を長くする方法は、自発的に頑張っている営業マンが使うオーソドックスな方法だ。但し、全員に無理強いできない。強制残業に繋がるからだ。また、根本解決にはならない。したがって、後者のほうが重要かつ現実的な方法となる。

意識的怠慢時間については、結論で言うと、十パーセント以下に抑えている営業マンがほとんどで、その程度であれば、それほど全体に影響を与えるものではないので心配しなくても良い。逆に、十パーセントをはるかに超えるほどサボりが目立つようであれば、営業改革以前の問題だ。

それよりも重要なウェイトを占めるのは、結果的怠慢時間に対するマネジメントなのだ。結果的怠慢時間を減じる方法として、最悪なマネジメントは、本人に考えさせることだ。そのやり方だと、ヒエラルキーの階層比率の通りに、対応できる人と対応できない人に分かれてしまう。これでは営業改革は必ず失敗する。第二章で詳しく書くが、〝営業改革〟と〝当事者に考えさせるという施策〟は全く相容れない。営業改革を成功させたいのであれば、誰かがリーダーシップをとったトップダウンでなければならないのだ。

図１ 営業力の３つの方程式

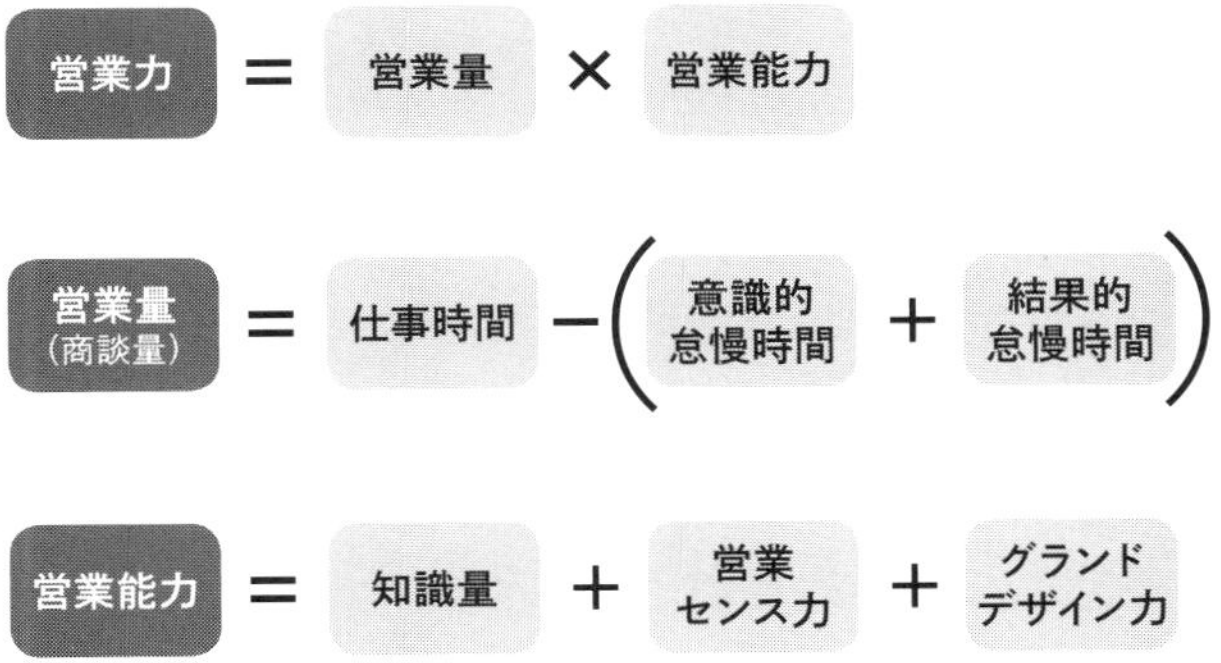

移動時間は本当のサボりと一緒⁉

さて、結果的怠慢時間を減じるためには、まず、その構成要因を整理しておく必要がある。主に次の三つの時間の使い方で構成されている。

❶移動時間
❷デスクワーク時間
❸会議時間

まず、最も無駄なのは移動時間だ。営業マンの多くは、電車やバスの移動時は、漫画も含めて本を読む、スマホを見る、ボーとするかウトウトする、車運転の移動時は、ラジオや音楽を聞く、電話をする（ダメなこととわかっていながら）、のいずれかだが、その間は何の生産性もない（仕事の電話は例外だが）。あるとすれば、移動中に仕事関連の本を読むということぐらいだ。それさえも、営業車で移動している人はできない話だ。

ところが、この移動時間に無頓着な営業マンが多過ぎる。端的な例は、距離が離れている営業先に、平気で同日アポを入れてしまうことが挙げられる。法人営業であっても個人宅営業であっても五十歩百歩だ。

図2を参照してほしい。オフィスの東側のお客様Aに午前十時の商談アポが入り、お客様Aからそれほど離れていないお客様Bに午後四時の商談アポが入っているとしよう。その後、オフィスの西側遠くに位置するお客様Cから電話が入り、同日の午後一時の指定で商談希望を告げられたとする。お客様Aからの移動時間は約一時間半。ランチを素早く取れば可能な時間だ。

さて、あなたならこのアポを入れますか？

お客様側から商談希望の電話があったら進展の可能性大いにありと考えるので、このアポを入れてしまう営業マンが多い。実は、ここに営業力の差が出てしまう。

そのような商談アポを入れてしまうと、**図2**のように、その日は三件の商談で終わってしまうことが明白だ。移動時間が多くなってしまい、それ以上の商談時間が取れなくなるからだ。

一日の商談量を大切にする営業マンであれば、お客様からの商談依頼電話であっても、その日以外の商談日変更を何とかお願いし、その日はオフィスの東側のエリアに商談アポを集中するように努力するはずだ。そうすれば、**図3**のように、最大五件の商談が可能となる（比較しやすいように商談時間はすべて一時間とした場合）。

この三件と五件の差は、単に移動時間の差なのだ。**図2**は移動時間が四時間、**図3**は二時間、その二時間の差がそのまま商談時間の二時間の差になっている。ランチ時間、調整時間、全体の仕事時間はすべて同じなのだから、この移動時間を減じる努力がいかに商談量に貢献しているかということがわかる。

極端なことを言えば、**図3**の営業マンが、お客様Eの商談が終わった後、残りの二件の商談をやめて、夕方ずっとパチンコをしていたとしても、**図2**の営業マンと全く同じ商談量ということになる。さすがにパチンコで時間をつぶせば罪悪感があるだろうが、移動時間に罪悪感を持つ営業マンはいない。しかし、実体は同じなのだ。このように説明すれば、罪悪感がない分、結果的怠慢時間がいかに重要な鍵を握っているかということがわかるのではない

図2｜移動時間が無駄なパターン

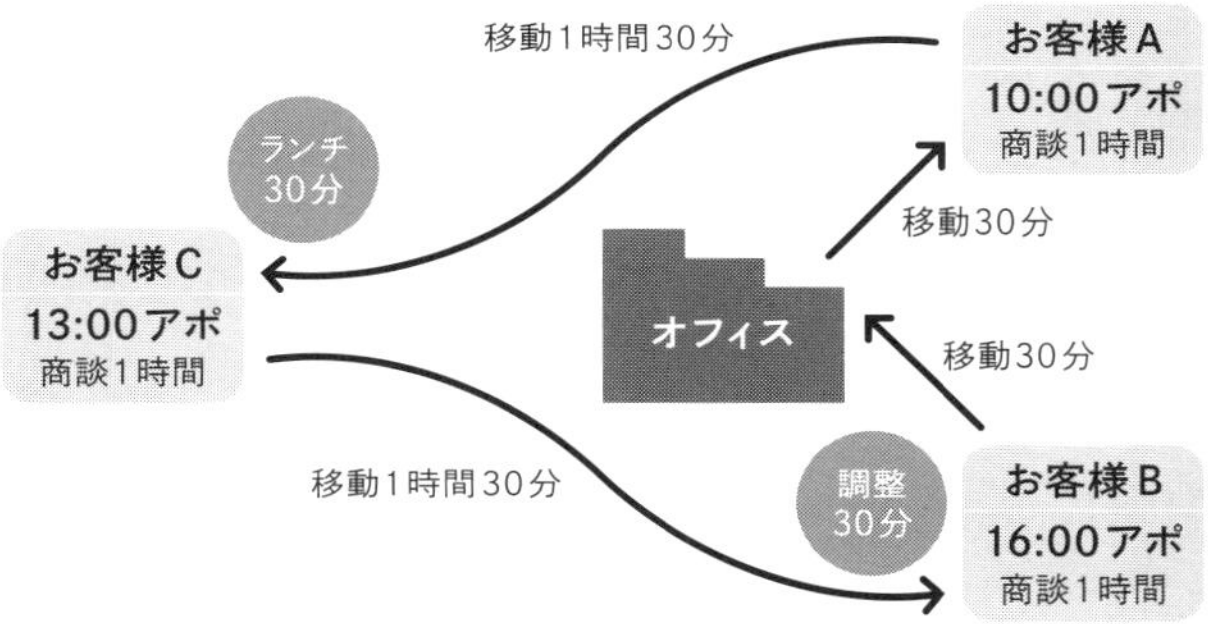

移動時間	休憩時間	商談時間	商談件数
4時間	1時間	3時間	3件

図3｜移動時間が効率的なパターン

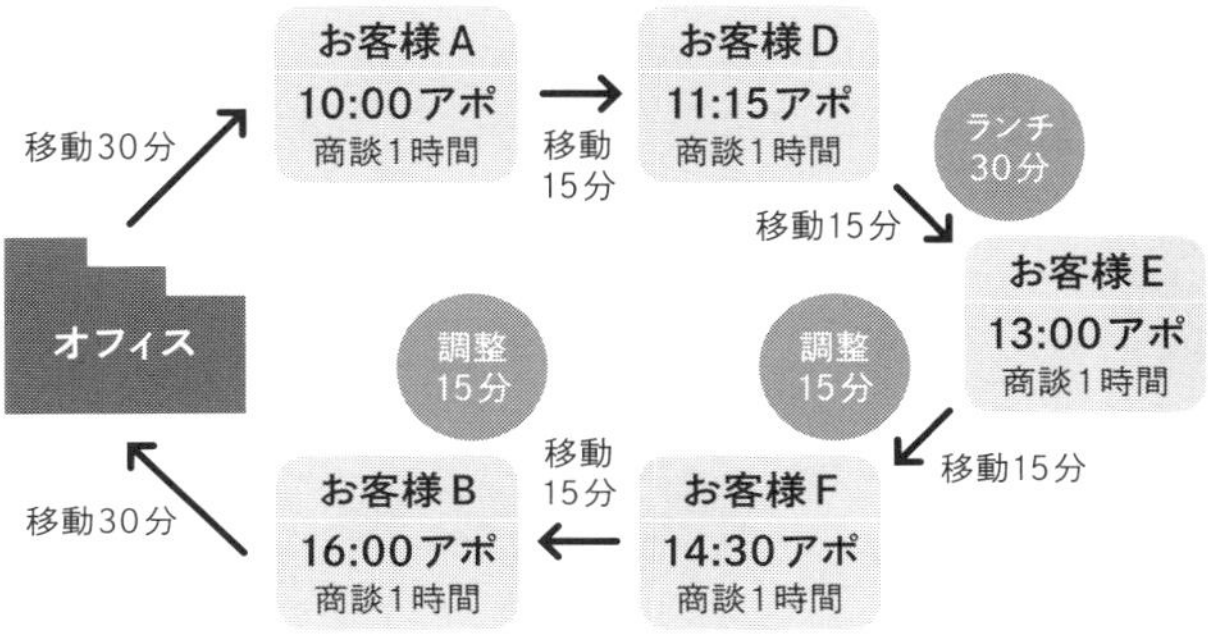

移動時間	休憩時間	商談時間	商談件数
2時間	1時間	5時間	5件

だろうか。

なお、蛇足ながら、移動時間のあり方を講演などでレクチャーしたら、次のように反論する人がたまに現れる。「せっかくのお客様からの商談アポ依頼の日程を営業側の都合で別の日にお願いしたら、その分、お客様の気分を害し、その商談が壊れる可能性が出てくるので、危険ではないでしょうか？」

その質問に対する私の回答は、「受注できるかどうか、もしくは受注後の商取引で苦労するかどうかのバロメータになるので、そういう意味でもお奨めです」というものだ。発注を前提に商談を継続している限り、日程変更に応じないということはない。実際に、日程変更の希望を出したぐらいで気分を害するようでは、本気で受注する気があるのかどうか疑わしい。また、日程変更すらできないようでは、仮に受注したとしても、その後の商取引の主導権はつねにお客様の気分次第となり、苦労するのが目に見えている。そのような商取引は無理な値引きにも繋がる。健全な商取引の環境を整えるのも営業の仕事なのだから、日程変更に対するお客様の顔色にナイーブになる必要は全くない。

図2と**図3**を使った移動時間の説明はわかりやすくするために単純図式にしたが、実際に

は、もっと複雑な商談アポの組合せとなる。移動時間を減らす努力に四苦八苦する営業マンも出てくるが、そのときこそ、この単純図式を思い出していただきたい。すべては、この理屈の応用に過ぎない。移動時間をいかに商談時間に振り分けるか。それだけだ。そのためには、一日のスケジュール設計をカレンダー上ではなく、地図上で二次元的に行なうことをお奨めする。

デスクワークが好きな営業マンは意外に多い!?

さて、結果的怠慢時間の解決は、移動時間だけではない。次に考えなければならないことが、デスクワーク時間だ。

まず、パソコン入力のスピードの違いは馬鹿にならない。パソコン入力が遅いというのは、「ちりも積もれば何とやら」で、無駄な時間を作ってしまう元凶となっている。同じ仕事量をこなすのに、平均三十分のところを一時間掛かっている人がいたら、その三十分間は実質の怠慢というものだ。現代はパソコン入力の全くない仕事も少なくなってきている。パソコン入力をブラインドタッチ（指先を見ずにキーを叩くこと）でできるように練習するのは、営業に限らず社会人の義務だと言って良い。ブラインドタッチは練習さえすれば誰でもできるので、パソコンの入力速度を重要視するかどうか、という会社の姿勢の問題であり、会社で義務付けることをお奨めする。

次に、営業に企画書作りを必要としている会社の場合、企画書作りの個人差がはっきりと表れる。速さもそうだが、質も個人差が激しい。本来、全体の八割以上を占める商談パターンを整理し、基本的な企画書は会社が用意し、お客様固有の情報を差し替えざるを得ない箇所のみ修正する、という体制をとれば、企画書作りのデスクワーク時間は一挙に減り、企画書レベルの個人差も解消する。「企画書を自分で作らせなければ企画書作りのスキルがアップしないのでは？」という質問をよくいただくが、「自分で作らせれば企画書作りのスキルがアップする」というのは幻想に過ぎない。スキルアップの原理原則は、できる人の模倣に尽きる。未熟な人がいくら自分でもがき苦しんでもスキルが湧いて出てくることはない。それよりもできの良い企画書を見ながら何度も商談しているうちに、商談の流れ、ポイントの絞り方、写真の見せ方、見やすいレイアウト、等々を覚えるようになる。その記憶の残像が確かな知識として活かされるようになれば、企画書作りのレベルもアップする。これを経験学習という。第四章の最後で詳しく説明する。

また、元来、営業の仕事は、可能な限りの売上、利益を追求することだ。そのための商談量が企画書作成というデスクワークで奪われてしまうことそのものが、本末転倒と言える。

さらに、デスクワークの時間が長引く原因のひとつに私語がある。これは案外無視できない。日本のオフィスは島型に机を置きたがるので、顔を上げれば顔だらけとなる。最初は仕事の話題を持ち出しても徐々に脱線していき、気が付いたら十分、二十分の私語で花が咲く、というのは日常茶飯だ。

米国には、「私語を防ぐための机の配置の仕方」についての指南書もあるぐらいなので万国共通の悩みなのかもしれないが、私語は無視できない結果的怠慢時間を生み出していると言える。

この延長上にあるのが、喫煙室での私語だ。煙草を吸わずにオフィス内で十分、二十分の立ち話をしていたら誰もがサボっていると見做すが、連れ立って喫煙室で三本、四本と吸ってる人に悪気はなく、サボってる意識もない。以前、橋下徹元大阪府知事が喫煙時間をサボりと見做し給与から差し引くと言ったことが物議を醸し出したこともあったが、その気持ちはわかる。

もうひとつ重要なことがある。営業日報に関するデスクワークだ。これは、営業改革を成功させるにあたって、そのオペレーション次第で諸刃の剣となる難しさがある。詳しくは、第四章で書いているので、そちらを参考にしてほしい。

その他、それぞれの会社特有の仕事の仕組みに影響された無駄なデスクワーク時間がいろいろとあるだろう。書類が多過ぎる、というのもよくあるパターンだ。これを機に、営業時間を奪っているデスクワークを洗い出し、一つひとつ吟味することをお奨めする。

営業会議が営業成績を下げる!?

さて、三つ目の会議時間が結果的怠慢時間になるというのは盲点かもしれない。なぜなら、会議は営業成績を上げるためのもの、と誰もが思っているからだ。しかし、どれだけ会議を重ねても業績がアップしないのであれば、営業会議の本数、時間を極端に減らしたほうが良い。これは断言できる。事実、毎年目標未達成だったある会社の営業コンサルティングをすることになり、現状分析を始めると同時に、取り急ぎ、毎週月曜日の午前中に二時間行なっていた会議を中止していただいただけで、営業改革初月の営業成績が五パーセントアップした。にわかには信じられないだろうが、どこの会社でも、数パーセント程度は上がる。

このカラクリは簡単だ。一日八時間、一か月二十二日働くとして、仕事時間は百七十六時間となる。毎週二時間の会議ということは、一か月のうち少なくとも八時間を会議で費やしていることになる。その時間は百七十六時間の約五パーセントに相当する。その五パーセントの分をなるべく営業時間に回すようにすれば、それだけ営業量が多くなり営業結果に直結するということだ。これは机上の空論ではない。営業会議時間をどれだけ削れるかというのは重要な施策のひとつなのだ。会議の本数が多ければ、会議の本数を減らす。会議時間そのものが長ければ、時間を縮める。という類の努力を地道に行なうだけで、業績は上がる。但し、この単純なことが、なかなかできない。いままでの習慣を壊すことができない保守病に陥ってしまっているからだ。

以上のことを参考に、移動時間、デスクワーク時間、会議時間をすべて見直してみてほしい。営業改革ができない会社は、営業手法のことばかり考えて、このような結果的怠慢時間にメスを入れていない会社が多い。商談量が少なければ、営業手法をいくら変えても、その効果はたかが知れてるということだ。

侮ってはいけない営業マンの言い訳能力

「営業量倍増作戦がスタートして早や三か月が経ちました。ところが、営業量がほとんど変わっていない営業マンが約三割もいます。○○支店の□□課長にお尋ねします。□□課長の部下四名は全員が営業量に変化がありません。また、営業成績も微増程度で未達成が続いています。なぜ、営業量が変わらないのでしょうか？」

「私もその部分が気になって、部下に確認しました。すると、部下四人ともが言うには、『数字的には平均営業件数が同じに見えると思いますが、実はその中身が大幅に変わっているのです。これは四名で話し合って決めたのですが、業績に直結しない商談を極力やめ、業績に直結すると思われる脈有り度が高い商談件数を倍ぐらいに増やしているのです。見た目の商談件数は変わりませんが、有効商談件数は倍増していますので、営業量倍増作戦の通りに動いているといってもいいと思うのですが……』ということでした」

「その報告を聞いて、□□課長はどう感じたのでしょうか？」

「彼らの言うことも一理あるなと正直思いました」

「有効商談件数が倍増したのであれば、業績がそれに連動するはずですが、その兆候が見えないのはどうしてでしょうか？」

「……」

「また、有効商談というのはどのような商談を指すのか確かめましたか？」

「……。いえ、確かめていません」


このやり取りは、部下の言い訳を鵜呑みにした典型例と言える。確かに、「有効商談件数は倍増していますので、営業量倍増作戦の通りに動いている」という切り返しは、「それもそうだ」と思わせる部分もある。なかなか上手い考え方だ。しかし、所詮、これは言い訳に過ぎない。業績がアップしていないことからも明らかだ。「業績アップしていれば、有効商談件数の倍増という考え方は、言い訳ではなく、優れた作戦ということが言えるのでしょうか?」という質問もたまにあるが、いままで業績が悪かった営業マンが、有効商談件数を倍増して業績アップすることは〝ほぼない〟と断言しても良い。つまり、このような考え方そのものが、所詮言い訳なのだ。

なぜなら、業績が悪い営業マンが、「どれが有効商談で、どれが非有効商談か」ということを区分けなんかできないからだ。本当にそんなことができるのであれば、元々、成績が良いはずだ。また、いままでと同じ営業量でどのように有効商談を倍に増やしたのだろうか? アプローチの量も変わっていないはずなのに。そのようなマジックはあり得ない。それとも、四人が四人とも、元々、目標達成の実力が充分にありながら、わざと成績を悪くしていたのであろうか? それであれば、□□課長はマネジャー失格ということになる。

このように、営業マンは、不思議と言い訳だけは上手くなっていく。考えられ得ることは、営業という仕事は、コミュニケーション量が多い仕事だからであろう。人の成長の原理原則は模倣である。営業マンは、発注しない言い訳をお客様から学び、目標達成できない言い訳を同僚から学び、会社が良くならない言い訳を上司から学ぶ機会が多い。これは皮肉で言っているのではない。また、営業は日々動く数字を相手に仕事をしているので、他の分野の社員よりも報告業務が多い。そのような機会に恵まれることにより、必然的に、言い訳スキルが身に付いてくるようだ。

この言い訳の上手さが、営業改革のブレーキの役割を果たしてしまう。営業マンですら言い訳が上手いのだから、営業課長や営業部長になると、その比ではない。実際に、営業コンサルティングをして、すぐに気付くのは、社長が営業上層部の言い訳報告に騙されている実態だ。営業上層部からすると、社長を言い訳で言い包《くる》めるのは、赤子の手を捻るようなものだろう。「営業社員はよく頑張っているんだけど、業績がいまひとつ上がらないんだ。全く原因がわからなくてね」という社長が多いのも肯ける。

営業マンの上手い言い訳のひとつに、商品力や経済環境を問題にする場合がある。上場企業のＩＲ資料ですら経済環境の悪化から書く企業が多いので、我々は、総言い訳民族なのかもしれない。冗談はさておき、上手い言い訳は、言っている本人もその気にさせるパワーがある。「自分たちは、自社の商品力が弱いにもかかわらず、よく頑張っている」「これだけ地合いの悪い経済環境の中、我々は、よく健闘している」と、営業部門の関係者全員が信じてしまうこともあるのだ。信じることほど強いものはない。そのような迫力ある言い訳が、営業上層部から経営会議で報告されると、他の部門の人たちも、なかなか指摘できなくなってくる。それどころか、「営業部には頭が下がる思いだ」となることさえある。

その結果、営業改革は頓挫する。

本当に「商品力が弱い、経済環境が悪い」という場合も完全には否定できないが、そのような類の言い訳は案外簡単に見破ることが可能だ。

まず、「商品力が弱い」という原因分析が言い訳かどうかを見抜くためには、個人別の成績を分析すれば良い。前年対比で百パーセントを超えているか、目標を達成している営業マンが一人でもいたら、その成績内訳を調べるべきだ。アンフェアな成績ではなく、通常の営業を積み重ねた結果による成績なのであれば、商品力の弱さが業績低迷の原因ではないということになる。そして、達成者の営業方法の中から、誰もが真似できる部分を抽出し、全員が同じように努力すべきなのだ。そのような努力せずして、「商品力が弱い」という言い訳がまかり通っている間は、営業改革は失敗する。

「経済環境が悪い」というのも同様だ。この場合は、二重チェックができる。個人別の成績分析で誰も達成者がいなくても、同業他社を分析すれば良い。同業他社の中で、一社でも業績が良い会社があれば、「経済環境が悪い」ということが、業績低迷の真の理由ではないということだ。

営業という仕事は、言い訳能力を高め、それが、営業改革の邪魔をする。何という自己矛盾だろうか。

名選手が名監督になれない理由

営業改革ができない理由は、まだまだある。

営業部門のヒーロー的な活躍をした人が、営業改革のブレーキを踏むことがよくある。これは、「名選手、名監督ならず」という言葉が、端的にその理由を表現しているのではないだろうか。

まず、ヒーロー的な活躍をした人が、営業部門のトップの場合を考えてみよう。順当に出世すれば、このパターンになる営業組織は多い。元ヒーローが営業部門のトップとなり業績も順調であれば、そもそも営業改革の必要性はないので問題はない。問題になるのは、元ヒーローが率いる営業組織の業績が低迷した場合だ。社長が低迷する業績をみかねて営業改革の指示を出す。ところが、元ヒーローは大抵の場合、自分のマネジメントが原因であるということをなかなか認めようとしない。認めることができる人は、業績低迷が長引く前に、先輩たちに教えを請うか、マネジメントに長けた人を参謀にすることで、自分色を消した営業改革を既に取り組んでいるはずだ。

以上の理由から、元ヒーローは業績低迷の原因を自分のマネジメントではなく営業プレーヤーに置いてしまう。「なぜ一分一秒を惜しんでもっと動けないんだ！」、「俺が現役のころは寝る時間を惜しんででも営業しまくったぞ」、「なぜ状況に応じて頭を使わないんだ！」と考えてしまうのだ。ヒーローになるぐらいの人だから、営業量が半端じゃなく多かったり、営業能力が半端じゃなく突出していたりするのだが、部下にも自分と同じことを求めてしまう。そして、自分の成功体験を熱心に教えたりする。「自分はこのように営業してきた。なぜ、できないんだ！」と指導する元ヒーローに悪気はない。

しかし、そのようなマネジメントでは、いつまでたっても営業改革は成功しない。このようなズレが生じる理由は、名選手は凡選手のことが理解できないところにある。大半の部下は、「名選手のように動けない」、「名選手のように頭が回らない」という現実に気付かない。それは自分の能力を謙虚に考えているからではなく、「気合が足らない」、「本気になってない」という類の努力不足、もしくは不真面目な仕事態度に原因があると考えてしまうからだ。

営業マネジメントの要諦は、凡選手でも成績が上がる汎用的なノウハウを整理し全員に共有化させることにある。これは、かなり重要なことだ。そして、ここで気付かなければならないことは、「凡選手でも成績が上がるノウハウ」と「名選手のノウハウ」は、そのほとんどが相容れないものであるということだ。凡選手に、自分の成功体験である「名選手のノウハウ」をいくら教えても、いくら実行させても、身体や頭が付いてこないのは当たり前なのだ。非力な選手にホームランの打ち方ばかり教えているようなものだ。

元ヒーローが改革ブレーキになる皮肉

次に、元ヒーローが営業組織のトップではない場合、もしくはトップであっても、営業改革の推進を社長を含む社内の別の人間が行なうか、社外の営業コンサルタントが行なう場合を考えてみよう。

「○○部長、さきほどの件について、少し確認させていただいてもよろしいでしょうか？」

と、□□課長。

「どの件についてかな？」と、現役の頃はスーパー営業マンだった○○部長。

「昨日の営業コンサルレクチャーで、コンサルの××先生のメモを見ますと、このように言っていました。『イベント会場での接客は一人のお客様に長い時間を掛けることをせず、一人でも多くのお客様に短時間での接客をし、脈有り度合いを五段階に分類すること。但し、脈有りレベルⅠからⅢまでのお客様には、できる限り、次回お客様のご自宅に訪問するアポだけは取っておくこと。逆に、アポに応じないお客様は、レベルⅣかⅤに一旦引き下げておくことを肝に銘じること。これを守れば、営業マン一人あたり一日最低二十件の接客が可能となり、脈有りレベルⅢ以上のお客様が平均二十五パーセントなので、平均五件の次回のアポ商談が可能になること。レベルⅢ以上の商談から契約に至る確率は二十パーセントなので、イベントを一回開催するたびに、営業マン一人平均一件の契約が成立すること』というような内容です」

「……」

「しかし、○○部長は、さきほどの会議で、××先生の提案は提案として聞くが、これからもイベント接客の基本方針は、商談が開始したお客様はそのままクロージングできるまで、たとえ二、三時間以上掛かろうとも、イベント会場を案内しながら粘ることだ、と指示し直されていました。××先生の指導の通りに動かなくても本当によろしいんでしょうか。なぜこのような失礼な質問を部長にさせていただくかと言いますと、私は××先生の指導の通りに動けば、いままでよりも受注数が上がるのではないかと期待するからなのです」

「私は、入社以来ずっとクロージングまで粘る接客方法で、つねに一日二件平均の受注を獲得してきたんだ。□□課長も知っていることだろう。それに、××先生は、当社の現場をわかっていないし、責任もない。気楽なものだ。実際に責任を問われるのは私なのだから、私の指示に従うのが当たり前だと思わないか？」

「もちろんです。しかし、××先生は、『接客に応じたお客様にこだわり過ぎて、いままで一日の接客数が平均三件しかない。これでは、営業能力が平均以下の営業マンの空振りが多くなるのは当然だ。いままでの皆さんの営業手法は、営業能力が高い人でなければ受注できないやり方だったのだ。これでは、当たりハズレが多くなっても仕方がない』とおっしゃっていました。繰り返しになりますが、私は、このやり方ならいける、と思ったのですが」

「私も××先生の指導にすべて反対しているわけではない。但し、イベント会場での営業手法だけは譲れない。××先生の理論よりも私の成功体験のほうが確実だ」

「しかし、××先生は、この新しい営業手法に取り組んでいると信じているのではないでしょうか」

「××先生の次のレクチャーは、ちょうど一か月後だ。その間にいままで以上にマネジメントをしっかりして、私のやり方で結果を出しておけば、さすがの××先生も納得せざるを得ないだろうから心配するな。それよりも□□課長は、誰の部下なのだ！」

これらのやり取りは、営業コンサルタントが新しい取り組みを提唱してもなかなか変化しない舞台裏を書いたものだ。関係者の発言をまとめると、営業コンサルタントのいないところでは、このような〝思わぬ人〟からの抵抗にあって、営業改革が進まないことがあるのだ。その〝思わぬ人〟というのが、社内での成功体験のある元ヒーローということになる。元ヒーローと呼べるほどの成功体験がなければ、逆にこのようなことにはならない。自信をもって営業コンサルタントの提唱を突っぱねることができるだけの根拠や自信がないからだ。

会社に多大な貢献をしてくれた人材が、業績回復のための営業改革を推進するにあたり、ブレーキ役を演じる。こんな悲劇はない。

実際には、営業改革のブレーキ役が明確に特定された時点で、営業コンサルタント側は社長に報告をすることになるので、最後は社長命令でブレーキ役の権限を奪うことになる。つまり、社長さえ方向性を間違えなければ、営業改革は失敗しない。ところが、社長が身内の意見を拾い上げてしまうと、営業コンサルティング契約のほうを見直すことになる。社内の知恵では業績が回復しないから社外の営業コンサルタントに営業改革を依頼することになったという初心を忘れてしまっていることになる。このように、社長自らが保守的な対応に戻ってしまうと、その会社で営業改革の成功は望むべくもない。

なお、「営業コンサルの××先生」のところが社外ではなく社内の△△上層部であっても同じことだ。身内であれば○○部長の警戒心は強くなり、より慎重な発言を行なうだろうが、自分の成功体験以外の営業手法を排除しようとする姿勢は同じだ。また、現実的には、社内では社外の営業コンサルタントほど元ヒーローとやり方の違う営業改革策はなかなか言えない。それほど、元ヒーローには誰も逆らえないものなのだ。

したがって、社外の営業コンサルタントを活用する決断ができず、かと言って、社内で強く営業改革を推進できる上層部もいない、という会社の場合、元ヒーローが「名選手、名監督でもあり」であることを祈るしかなくなるのだ。

現場経験で育つというミスマネジメント

営業部門の元ヒーローだけでなく、営業関係者のほぼ全員が陥るミスがある。プロローグにも書いたが、「営業マンの育成方法として、一人で積み上げる現場経験に勝るものはない」という一種の信仰に近い考え方だ。その証拠に、新卒社員でも中途社員でも座学としての営業研修を一～二週間ぐらい行なうとすぐに営業現場に出してしまう会社がとても多い。正確に書くと、新卒社員の場合は、営業研修以外にも社会人マナー研修等があることが多いので、ゴールデンウィーク明けに営業現場に出ることになるのだが、営業研修そのものは一～二週間分ぐらいというのが一般的だ。

一～二週間の研修で営業現場に出してしまう理由は、現場経験も研修の一環という考え方だからだ。その証拠に、営業ノルマを課すのは、現場に出てから二～三か月後というのが主流を占めていることでわかる。当初の二～三か月間は研修の一環なので営業ノルマは課さないということになる。もちろん、人件費の余裕のない会社は営業現場に出た日から営業ノルマを課すような場合もあることを付け加えておく。

そのような状況なので、座学としての営業研修を一か月以上行なうところは極端に減り、三か月以上行なうところは皆無に等しい。

その結果どうなるかというと、営業に必要な知識が不足気味のまま現場に放り出されてしまうので、営業という仕事にストレスを感じてしまう人が多くなる。また、商品力や経済環境にも大きく影響されるが、なかなか売れなくて自信を喪失してしまう人も出てくる。

これらはすべて、現場経験が営業マンを育てるという幻想を信じることで、営業知識の研修を重要視しないから引き起こる現象である。

営業知識は、大きく分けて七つの分野を覚えなければならない。

❶自社情報……自社商品、サービス、歴史、沿革、社長メッセージ等、自社に関わるすべての情報

❷他社情報……他社商品、サービスの他、他社の営業手法、長所短所等、バッティング時に必要な情報

❸業界情報……関連業界、関連市場における全体の流れ、最新情報等、自社の位置付けを記す情報

❹自己経験……自分自身が営業現場で経験したことにより得た知識

❺他人経験……先輩、同僚が営業現場で経験したことにより得た知識。共有化手段が鍵

❻営業技術……営業ノウハウのこと。自己経験、他人経験、営業の専門家等の整理されたノウハウ

❼一般教養……あらゆる分野の雑学。お客様とのコミュニケーションで大いに役立つ

これらの内容を、たかだか一～二週間で覚えられるわけがない。また、一～二週間で大丈夫と考えている会社は、よほど営業という仕事を甘く見ているか、営業マンを使い捨ての道具としてしか考えていないということになる。どのように簡単な商品を売る営業だとしても、これだけ多岐にわたる営業知識がそのような短期間で身に付くものではない。

また、営業知識は、一通りレクチャーを受けたから「はい、終了」という類のものではない。八割以上の受講者が及第点をとるレベルで記憶に留めておかなければならない。実際の営業現場でそれらの知識を活用しなければならないからだ。そのためには、テストやロールプレイング（模擬練習）などで学習レベルをチェックし、学習レベルが低い営業マンについては再度レクチャーしなければならない。それらをすべて終了させるのに一～二週間というのは、あり得ないということがわかるだろう。

ところが、現場に出しさえすれば、商品知識も満足に覚えていない新人がそこそこ成績を挙げたりする。その見せかけに誰もが騙されてしまうのだ。「営業はとにかく現場に出れば何とかなる」と。

確かに、営業という仕事には、営業能力が乏しくても「真面目に営業していればある程度は結果が出る」という特性があるのも事実だ。

飛び込み新規アタック系の営業であれば、取り扱っている商品やサービスが、たまたまお客様が欲していたものだということがある。例えば、生協の宅配サービスに申し込もうかなと考えていたところに、玄関のチャイムが鳴り、「生協の○○というものですが、このたび宅配サービスのご案内をさせていただきたく、□□様の玄関チャイムを鳴らさせていただきました」と不快な感じを与えない営業マンが訪問してきたら、「ちょうどいいところに来た」という感じで、ドアを開け、とりあえず説明を聞いてしまう。そして、ネック（障害）になるようなものがなければ、その場で即契約となる。ネックが少しあれば、「少し考えさせてください」と即契約にまでは至らないが、よく考えてみて、ネックよりもニーズのほうが勝っていれば、次回の訪問アポも素直に応じて契約となる。

これを、営業の〝偶発遭遇〟という。特に、即契約のお客様に必要なことは、営業知識ではない。一件でも多く回る営業量なのだ。市場に残る偶発遭遇可能顧客が全世帯の一パーセントだとすると、一日五十件飛び込む営業マンは、二日で一件の成約ペースになり、一日百件飛び込む営業マンは一日一件の成約ペースになる。百五十件なら、三日で三件の成約だ。

蛇足になるが、ここに営業ノウハウも豊富に身に付いていると、ネックとニーズが均衡していたり、ネックのほうが勝っているお客様に対して、ネックを取り除いたり、潜在ニーズを顕在化させたりすることができるのでさらに成約件数が増えることになる。

〝偶発遭遇〟や〝顔出継続〟に騙される営業部

話を戻すと、ルートセールス系でも同様のことが言える。ルートセールスの場合、継続取引なので、お客様のほうが商品やサービスを熟知しているケースが多い。したがって、多少知識が怪しくてもこまめに顔出しさえしていれば、お客様側のニーズ次第で、継続的に発注をいただけることになる。

これを、営業の〝顔出継続〟という。顔出しというのは、新規開拓営業系の飛び込みのようなもので、その量に発注量が比例する。強烈なライバル会社の攻勢に晒されたときには、さすがに顔出し程度では太刀打ちできないが、真面目に顔出しさえしておけば、それらのシグナルをお客様側から教えていただいたり、気付いたりすることもあるので、そのときは上司にSOSを出し、同行営業してもらうことで解決すればいい。このように考えると、ルートセールス系も営業量が豊富であれば、つまり現場回りを真面目にしていれば、ある程度の成績が確保されることになる。

このような営業という仕事の特性に、ほとんどの人が騙されてしまう。そして、〝偶発遭遇〟や、〝顔出継続〟で得た成績が毎月計上されることで、「営業マンとして育っている」と勘違いしてしまうのだ。

確かに、場数を踏む経験によって、いろいろなケースに遭遇するので、「この営業トークは失敗しやすい」「お客様のこのような反応は、粘れば受注に繋がりやすい」というように、経験学習を重ねていくことになるのは間違いない。つまり、現場経験が営業マンを育てる役割を一部担っているのは確かなことなのだ。しかし、この育成方法は、自力学習なので個人差が出やすくなってしまう。

自力発育が遅い人は、いつまで経っても〝偶発遭遇〟や〝顔出継続〟の受注以外に商談をまとめることができないので、年数が経つにつれての目標アップに対応できなくなり、ダメ営業の烙印を押されてしまうことになる。一度そうなってしまうと、ストレスを感じ、モチベーションが下がり、営業量が少なくなり、〝偶発遭遇〟や〝顔出継続〟も減少し、さらに営業成績が悪くなり、という負のスパイラルに陥りやすい。元々、営業ノウハウを系統的にきっちりと教育を受けていない分、負のスパイラルに入ってしまうと脆《もろ》いものだ。自分の力ではどうしようもできない。

営業マンの転職が、他の分野よりも多いと言われているのは、このような状態に陥り、首を切られるか、切られる前に辞めるか、という強迫観念に支配されてしまいやすいからだ。

このすべては、第一歩が間違っているからだ。現場経験が営業マンを育てるという妄想を信じ、初期の営業研修を軽視するからだ。営業という仕事は、立派な専門職としての七つの基本知識をきっちりと覚えることが何よりも大切だ。基本知識が人材育成にどのように寄与するのか、ということは第二章で詳しく書くが、けっして営業研修を軽視してはならない。

以上のように考察することで、営業改革のプログラムの中に、徹底した営業知識の再研修を組み込むことが需要な施策のひとつになるということがわかるが、残念ながら、その取り組みを重視している営業部は少ない。

営業マニュアル軽視のツケ

営業知識の学習方法は、営業研修や現場経験だけではない。上司の指導も営業知識を身に付ける重要なチャンネルだ。したがって、上司の面倒見の良さが部下育成に大きく寄与する。言い換えれば、結果管理にしか関心がなく、成績の悪い営業マンを罵倒するだけの上司からは、部下は育ちにくい。それどころか、営業マンが定着しない。

また、部下の面倒見の良い営業マネジャーがいくら揃っても、営業マネジャーによって教えることがバラバラでは、配属される営業部によって、営業マンの営業知識の量や質、それに育成速度がバラバラになってしまう。

例えば、個人宅新規開拓営業において、ある営業マネジャーは電話営業のノウハウばかり教え、ある営業マネジャーは飛び込み営業のノウハウばかり教え、ある営業マネジャーはイベント企画のノウハウばかり教えるということになると、配属される営業チームによって伸びる営業能力が異なるということになってしまう。しかも、営業マネジャーの関心のある営業ノウハウで営業させようとする傾向にどうしてもなってしまうので、業績が上がりにくい営業手法を中心に教える営業チームに配属された部下にとっては、ありがた迷惑となる。

大切なことは、その会社にとって必要な営業知識が、どの部署に配属されても、均一かつ均質に教えることができる体制を準備しておくことだ。

そのための重要な施策は、営業マニュアルとなる。

営業コンサルタントとしていままで約七十社ほどの会社を見てきたが、営業マニュアルを準備しているところは数社ほどしかなかった。それも充分と言えるレベルではない。多くの会社を対象にした講演などで、営業マニュアルの存在を質問しても、それを準備している会社は十パーセントに届かない。

なぜこれほどまでに営業マニュアルは存在しないのか。

それは、定石軽視、現場重視の考え方が固定観念となっているからだ。定石とは、プロローグに書いた通り、営業活動をする上で共有すべき営業知識、営業ノウハウ、営業プロセスなどの基本を指す。その基本をマスターすることより現場に慣れるほうが営業力が身に付くということなのだが、とても危険な幻想と言っても良い。

現場重視で営業に似た仕事がある。それは、店舗販売だ。面白いことに、マクドナルド、ケンタッキー、ユニクロに代表される店舗販売には、必ず販売マニュアルがある。私は、営業と販売のマニュアルの必要性に対する考え方が百八十度違う現実に、いつも戸惑いを感じる。また、営業にかかわる人々の最大のミスをここに感じる。

店舗販売でマニュアルが不必要だという人は、よほど変わった人だろう。それほど、マニュアルを作らなければならない環境で仕事をしているのだ。それを解く言葉は、〝同一空間セールス〟だ。店舗販売は、販売員全員が同一空間でセールスをする。したがって、お客様への説明は、必然的に他のお客様にも聞こえてしまう。もし、同じ商品の説明で販売員Aと販売員Bが違うことを言ったらどうなるだろう。お客様は、その店舗そのものに不信感を持ってしまう。その不信感は確実に購買意欲を削ぎ落とす。したがって、商品説明を同一にするために販売マニュアルは絶対に必要なのだ。

商品説明だけではない。例えば、ユニクロのような広い空間であれば、探している商品がどこに陳列しているのかわかりづらいときがある。その場合に、前回尋ねたときの販売員Cは丁寧にその場所まで案内してくれたが、今回尋ねた販売員Dは、「あのあたりです」と指差すだけだったとすると、「何と不親切な」と思ってしまう。そのような販売員レベルの差をお客様に感じさせないために販売マニュアルは存在している。

これらは、すべて〝同一空間サービス〟だからこそ、誰もがその必要性に気付くのだ。販売マニュアルは販売能力向上に貢献し、お客様への信頼感の醸成にも貢献しているのだ。

異空間セールスの落とし穴

ところが、営業という仕事は、お客様にセールスをする点で販売と同じ仕事にもかかわらず、営業マニュアルの必要性を感じていない。それは、〝異空間セールス〟だからだ。営業は、「行ってきます!」と外へ出れば、あとは一人だ。お客様との商談現場を他のお客様に覗かれることもない。したがって、どのような商品説明をしてもお客様に不信感を抱かせることにはならない。もちろん、しどろもどろな説明は論外だが。お客様も、目の前の〝担当〟営業マンが、満足な説明をしているのかどうかを他の営業マンと比較することができないのだ。

よく考えてほしい。たとえ〝異空間セールス〟であっても、同一商品や同一サービスをセールスしていることには変わりはない。ということは、お客様に対するマナーやエチケットの観点からも、〝同一空間セールス〟レベルの気配りは必要なのではないだろうか。販売は、お客様への気配りを重要視し、営業は、結果ばかりを重要視しているのは、この〝同一空間セールス〟と〝異空間セールス〟というセールス環境の違いが多大に影響しているように思えてならない。

営業マニュアルがなければ、丁寧な説明か乱暴な説明か、充分な説明か不十分な説明か、マナーやエチケットが充分か不十分か、などのすべてが、営業マンによって違ってくることになる。〝同一空間セールス〟であれば絶対に許されないことが、〝異空間セールス〟では簡単に許されてしまっている。

他にも弊害がある。その会社内のこれまでの営業社員が培ってきた大切な営業ノウハウが文章として記録されることなく散逸してしまっていることだ。極端なことを言えば、「三十年以上の歴史ある会社なのに、営業ノウハウは全く伝承されず、いつも営業の人材育成のやり直しで苦労している」ということになり兼ねないし、そのような会社が実際に多い。

営業改革失敗の理由のひとつに、営業マニュアルの作成に思いが及ばないことが挙げられることに、早く気付くべきだ。

モチベーションを下げる三つの意識（左遷意識・一人ぼっち意識・教えてくれない意識）

営業改革はマネジメント改革でもある。

営業手法の固定観念をすべて取り除き、再構築していく重要性に匹敵するぐらい、マネジメント改革も重要だ。どれだけ営業手法の改革プログラムが優れていても、マネジメントが足を引っ張ることはよくある。

ここで、営業マネジャーの役割を振り返ってみよう。いま営業プレーヤーの人もいずれ営業マネジャーになることを想定して、参考にしてほしい。

営業マネジャーの役割は、次の三本柱で構成される。

❶結果管理

❷プロセス管理（＝人材育成）
❸モチベーション・ケア

結果管理とプロセス管理については、他のページでいろいろと言及しているので、ここではモチベーション・ケアにフォーカスする。

営業という部署は、「一度は経験することになるだろう」とその配属を覚悟する部署ではあっても（特に、新卒のときは）、自らが行きたいとは思わない不人気部署のひとつだ。「君は企画部と営業部とどちらに配属されたい？」と二者択一で聞かれて、「営業部です」と答える人は少数だ。

したがって、実は、新卒や営業社員としての中途採用者を除いて、営業部に配属される人は、モチベーションの低いところから始まる人が多い。いま営業コンサルタントを仕事にしている私も、正直に告白すると、サラリーマン時代、営業部に配属が決まったときは「ガクッ」ときた。総務部配属希望だったからだ。

ということは、営業マネジャーのモチベーション・ケアという役割は、想像以上に重要だということになる。ところが、ほとんどの人はそこまで気が回らない。もちろん、営業改革のプログラムに入れられることもない。どのように営業手法を変えるか、チーム編成を変えるか、営業マネジャーの首をすげ替えるか、ということばかり考えて、どれだけ営業改革の器を作っても、実際に動く人間の心をケアしない限り、何ら機能することはない、ということに思いが到らないからだ。

一人ひとりのモチベーションのあり方は微妙に違うので、マネジメントのモデルパターンは作り難いが、押さえるツボとしては、次の三つがある。

❶左遷意識（嫌な部署にきた意識）
❷一人ぼっち意識
❸教えてもらえない意識

既に書いた通り、営業部は不人気部署なので「左遷された」「嫌な部署にきた」というような意識を持つことによりモチベーションが下がる一方の営業マンは多い。この類のモチベーションをケアするためには、営業という仕事の面白さを教えることが一番だ。基本的な営業知識を丁寧に教え、きめ細かく日次活動のアドバイスを繰り返し、部下の能力では対応できそうにない商談には同行営業して実践の商談ノウハウを目の前で見せる、という地道なマネジメントを繰り返すことで営業能力が向上する実感を抱かせることだ。もちろん、営業結果もそれに伴わなければならない。

営業マンであれば、一人ぼっち意識は誰もが持つ。中には、内勤者と違って一人で仕事ができ、好きなときに外出できるから嬉しい、という営業マンもいるので一概には言えないが、この一人ぼっち意識は、営業成績が不調になればなるほど膨れ上がってしまう。営業成績が不調ということは、お客様との商談でも楽しい時間が少ないので、ますます内に籠ってしまう。さすがに、つねに同行営業やペア営業をするわけにはいかないので、物理的な解決方法はないが、せめて「商談そのものは一人だが、その商談をいつも気に掛けてくれる営業マネジャーがいる」という気持ちになってもらうために、可能な限り日次でヒアリングを行ない、アドバイスをしてあげるべきなのだ。この〝日次ヒアリング〟によるモチベーション・ケアは想像以上に効果がある。

最後に、教えてもらえない意識に陥る営業マンも多い。営業日報をせっせと書いても、営業マネジャーからはアドバイスのひとつもない。営業会議では、成績の悪い営業マンは怒られてばかりで、どのようにすればいいかというアドバイスを教えてもらえない。また、怖くて聞けない。同僚に教えてもらおうとしても、営業中はバラバラなので教えてもらえない。となり、モチベーションは下がる一方だ。この意識も、一人ぼっち意識と同様、〝日次ヒアリング〟によるきめ細かな日々のアドバイスが特効薬になる。

以上、営業は人の営みである限り、モチベーション・ケアを軽視して営業改革が成功することはない。

第2章

営業改革、やってはいけない禁じ手

当事者に改革の必要性を確認する愚かさ

営業コンサルティングの依頼を受けるときに、次のようなやり取りがよくある。

「藤本さん、営業部をもっと良くするために営業コンサルタントとして手伝って欲しいのですが、何かアドバイスはございますでしょうか」

「現状分析をしなければ何とも言えませんが、大幅な改革の必要がある場合は、ある〝覚悟〟をしていただかなくてはなりません」

「どのような〝覚悟〟ですか」

「営業改革をやり遂げる〝覚悟〟です。私は、営業コンサルタントとして、単に研修を行なうだけではなく、営業の戦略・戦術から、組織のあり方、マネジメント手法に至るまでの改革案を提案します。そのとき、御社内で成功体験がある営業上層部から、必ずと言っていいほど、各論反対、つまり実質的に改革反対の保守的な意見が出てきます。もしくは、面従腹背で反論することなく改革案を無視して何も変えないマネジャー、思いはあっても現状打破ができない営業マネジャーが必ず出てきます。私の言っている〝覚悟〟とは、そのようなときに、改革をやり遂げる命令を下し、場合によっては人事異動、人材刷新も辞さない〝覚悟〟です」

「わかりました。一度社に戻って、営業の役員や部長たちと協議してきます」

会社社長の思いがいくら強くても、このように会社に持ち帰って、改革される当事者たちと協議することを選択した時点で、その答えは決まっている。数日後に、次のような連絡が入るのがほとんどである。

「あれから営業の役員や部長たちに営業コンサルティングの受け入れの話をしました。すると、営業の役員や部長たちからは、営業改革の必要性は感じているけど、弊社の営業をしたことがない外部の人、それがたとえ営業コンサルタントのプロといえども、弊社独特な営業事情を理解していただくことのほうが難しいだろう、という意見が大勢を占めました。藤本さんへのご相談をきっかけに役員や部長たちの意識が変わり、自分たちで営業改革を推し進めるという決意表明ももらいました。今回、藤本さんとはご縁がなかったですが、ご相談に乗っていただき誠にありがとうございました。もう一度自分たちで頑張ってみます」

――そして、何も変わらない。

このような会社を数多く見てきた。この例のように社外の営業コンサルタントに相談する社長よりも、社内のみで営業改革を推進しようとする社長はもっと多いだろう。しかし、その場合でも、この例と同じように、営業役員や営業部長の上手い言い訳により、改革を行なわなければならないという総論は賛成だが、各論は反対という意見をぶつけられ、結局は、「今度こそ頑張るので、自分たちに任せていただきたい」という強い声明を信じて、「――そして、何も変わらない」ということが繰り返されるのだ。

そもそも営業役員や営業部長が言い出しっぺとなる営業コンサルティングの依頼を受けたことがない。それだけ当事者たちは自分の力でなんとかしたいものなのだ。だからなのか、いままで関わってきた仕事はすべて経営者からの発案だ。そして、実際にコンサルティング契約に至るケースは、例外なく経営者の軸がぶれない場合のみだ。経営者が営業役員や営業部長に相談するということはない。すべてトップダウンなのだ。

これらのことが意味することはひとつしかない。

業績低迷が長く続き、営業改革が必要になったときに、そのような状況を作りだした当事者たちに相談したら営業改革は成功しないということだ。もちろん、経営者の意向を受けて、営業改革の具体策を作り、彼らなりに営業改革を推進することぐらいはできる。しかし、ここはよく考えていただきたいのだが、元々、彼らなりの営業改革が成功するのであれば、業績低迷が長く続くはずがない。経営者がその要望を出す前に、自分たちで立て直しているはずだ。また、経営者の営業改革願望を受けて取り組んだとしても、冒頭の例のように、総論賛成、各論反対の憂き目にあい、改革案は骨抜きになり、「――そして、何も変わらない」となりやすい。

組織のパフォーマンスは、その最高責任者の推進能力が反映される。最高責任者とは、営業部であれば営業担当役員となる。最高責任者は、最高責任者なりに役割を果たそうと頑張っているのは事実だが、その役割を担えるレベルの改革能力が不足している人が多いという現実を直視しなければならない。

そのような状態で、経営者の勘として営業改革の必要性をいかに見抜いても、それを当事者に相談するようでは、成功確率は極めて低いと言わざるを得ない。

改革能力と営業能力を混同してはいけない

経営者が当事者に相談することなく取るべき道は、大別すると、次の三つとなる。

❶経営者が自ら営業改革を推進する
❷営業部門の最高責任者として、新任を任命して営業改革を推進する
❸営業コンサルタントを招聘して、営業改革を推進する

経営者が自ら営業改革を推進する方法は、営業経験があるかないか、ということにその決断が大きく左右される。営業経験がなければ、なかなか決断できない。どこから手を付けたら良いのか、ということすらわからないからだ。したがって、その補佐として、営業コンサ

ルタントを参謀役において行なうのが一般的となる。

一方、営業経験があれば、自らが営業本部長としてその手腕を思う存分発揮すれば良いのだが、自らの成功体験にこだわり過ぎると失敗する。経営者にまで登り詰めたその卓越した能力に、社員は追い付かないからだ。この場合に忘れてはならないことは、平均営業マンの営業能力に見合った営業改革策でなければならないということなのだ。また、時代性のズレも考慮する必要がある。経営者の現役時代の市場と現在の市場は、大抵環境が変わっているはずだ。にもかかわらず、昔の成功体験を持ち出されても、営業マンからするとありがた迷惑なだけだ。

営業改革を成功させたいのであれば、自分の成功体験を前面に押し出すのではなく、現状分析を行ない、業績低迷の原因を顕在化し、それらの原因を克服する対策を考え、そして実行する、という作業を地道に行なうことだ。なお、営業改革を推進するための具体的な手順については、第四章で詳しく書いている。

二つ目の最高責任者に新任を任命する件だが、この実現化はなかなか難しい。営業部長たちを押さえつけることができる実績を残した人がたまたま他部門に異動になっていて、その人を営業部に戻すということであればまだしも、そのような人が社内のどこにもいない場合、営業部長よりも営業実績を残していない人、もしくは営業部といままでかかわりを持っていなかった人を最高責任者に任命しなければならないからだ。どの経営者も、そのことに頭を悩ませ、結局は営業改革そのものを断念してしまうか、業績低迷の張本人たちに委ねたままにするしかなくなるのだ。

ところが、実は、社内で営業改革を推進する場合、営業の経験がない人が最高責任者になるほうが上手くいく場合が多い。但し、営業部長たちの抵抗の芽を摘むために、営業部の人事権をすべてその最高責任者に預ける覚悟が経営者には必要だ。社長にとって個人的に大好きな子飼いの営業部長が泣きついてきてもそれをはねのける覚悟も含めて。

「営業経験がない人が改革推進者になって大丈夫ですか?」とよく言われるが、それは、「弊社の営業をしたことがない外部の人、それがたとえ営業コンサルのプロといえども、弊社独特な営業事情を理解していただくことのほうが難しい」という発想に共通している誤認識があるからだ。

営業改革推進の最も重要なことは、いきなり「何を変え、何をどう取り組むか」ではなく、「何が業績低迷の原因か」という現状分析を精緻に行なうことなのだ。つまり、営業改革推進責任者が備えていなければならない能力は、営業成功体験でも営業能力でもなく、現状分析能力に支えられた改革能力なのだ。この能力なくして改革を成功させることはできない。「営業経験のない人が、ほんとうに現状分析できるのでしょうか？」という心配も無用だ。現状分析能力と営業能力はまったく別物だからだ。

営業コンサルタント活用の注意点

三つ目の営業コンサルタントを活用する方法は、一と二のパターンが難しい場合には、有効的と言える。また、一も二もやり尽くしたという最後の選択肢という場合も多いだろう。

但し、読者のみなさんの関心事は、「営業コンサルタントの善し悪しの見分け方」なのではないだろうか。私が同業者の見分け方を書いて、どこまで信憑性を感じていただけるのかわからないが、確かなことは、現状分析を確実に行なってくれる人物なのか、ということだけは確認したほうが良い。現状分析に関係なく、営業コンサルティング・マニュアルの通りに指導するコンサルタントは応用が利かないからだ。特に、サラリーマン・コンサルタントが派遣される場合は、このケースが多い。

以上三つの中でどの方法がベストとは言えないが、経費に余裕があるなら、一と三、二と三の組合せが営業改革成功の近道と言える。

日本の企業は、経営者も従業員も純血主義者が多いというわけでもないのだろうが、社外のコンサルタントに「相談に乗ってもらう」ことに消極的だとよく言われる。確かに、欧米ほどコンサルティング会社は認知されていない。しかし、身内同士で解決できない事案、特に業績低迷が長く続くような場合、社外の新鮮な目が果たす役割は大きい。誰もが頑張っているのに業績が改善されないのは、社内の常識や固定観念が古くなったり、間違っていたりするケースが多いのだが、それに気付く人はなかなかいない。いたとしても、社内の人間関係のしがらみや遠慮、配慮などが壁となり、ストレートに指摘できる人は皆無に等しい。

コンサルティングという言葉は、そもそも「相談に乗ってもらう」という意味だと言われるが、営業改革の推進のためには、社内の常識や固定観念を突き崩してくれる営業コンサルタントを上手く使うのも一計だ。

不毛な改革案会議

営業改革の意思がブレないために、営業役員や営業部長という当事者に営業改革の是非を相談することを改革の禁じ手として封印しなければならない理由は説明した通りだ。ここまでの禁じ手は封印できたとしても、その次の禁じ手を封印できないことが多い。それは、営業改革の具体策を決めるために、当事者たちに話し合いをさせるということだ。

「えっ？　それがなぜダメなの？」と思う人は多いだろう。「さすがに具体策は現場を熟知している当事者たちに考えさせたほうがいろいろなアイデアが出てくるだろうから、そうすべきではないだろうか」という判断は一見正しそうに思える。しかし、ここに大きな落とし穴が二つある。

まず、重要なことは、なぜ営業改革が必要な事態になったのかということを忘れてはならないことだ。それは、業績低迷が続いているからだ。では、なぜ業績低迷が続いているのだろう。営業役員や営業部長、もしくは営業マンたちが適確な策を打たないからだ。または、打てないからだ。

話が複雑になるが、「適確な策を打たない」というのは、「打てるにもかかわらず打たない」というケースと「業績低迷を気にしていないから打たない」というケースに分けることができる。前者の場合は、現状の働き方を変えたくない保守感情を優先した実質的なサボりに該当する。速やかに営業上層部の人事異動を行なった上で、営業組織の立て直しを図らなければならない。後者の場合は、サボっているというよりも営業上層部に営業マネジャーとしての責任感が欠落し、当事者意識も薄いということが言える。このケースも前者と同様の人事異動を含めた立て直しが先決となる。

さて、話を戻すと、「適確な策を打てない」というケースが、一般的には多いだろう。ほとんどの営業上層部も業績低迷を何とか挽回したいと思っているのは間違いない。我々日本人の大半は働くことに真面目なのだ。しかし、どのようにすれば業績が向上するのか、それがわからない。正確に言えば、いろいろと手は打っているのだが、結果的に、「適確な策を打てない」状態が続いていることになる。経営者も営業上層部も彼らなりに努力し、苦しんでいることをよく知っている。だからこそ、営業改革も「全員で乗り切ろう」となる。とても人間的な感情が働くのだ。

しかし、改革案を「当事者たちに考えさせる」という禁じ手を繰り返していては、いつまで経っても苦境から脱することができない。最悪は、みんなそれなりに頑張っているのに、船が沈没してしまうこともあり得る。

まるで、なかなか上手くならないスポーツチームに対して、「上手くなりたかったら、トレーニング・プログラムを自分たちで考えろ」と言っているようなものだ。効果的なプログラムや肉体の限界に挑戦するぐらいのハードなプログラムを策定できる選手たちが集まっているなら、そのような指示を出される前に上手くなっているはずである。選手たちを向上させたかったら、彼らに考えさせるのではなく、適切なトレーニング・プログラムを与えてあげることこそ彼らのためなのだ。

営業も同様だ。改革案を「当事者たちに考えさせない」ことが、彼らのためとなる。それこそが、本当の優しさというものだ。誰もサボろうと考えていないし、何とかしようと知恵も絞り出しているはずだ。それでも業績が回復しない、という現実は大変重い。だからこそ、営業部内の人間関係やしがらみに惑わされず、最適な人材を抜擢し（経営者が兼ねることも含む)、その営業改革推進責任者が、いままでの営業手法の固定観念をすべて払拭して、改革の具体策を策定すべきなのである。間違っても、業績低迷を救えなかった当事者たちに考えさせてはならないのだ。繰り返すが、冷徹なように見えて、それが本当の優しさなのだ。

二つ目の落とし穴は、会議は斬新な意見、タフな意見、画期的な意見等を潰してしまう副作用を持っているという落とし穴だ。

業績低迷の打開策は現状のやり方と違うものになりやすい。大半の人にとっては、突飛な意見、困難な意見、現実離れした意見に聞こえてしまう。そのようないわば尖った意見は、〝多数の声〟によって、いつの間にか丸くなってしまう。保守的なベクトルに引き戻されると言っても良い。なぜなら、人は自分の理解できない取り組みや新しい取り組みに対しては拒否反応を示してしまうからだ。皮肉に聞こえるかもしれないが、改革案会議は、知らず知らずのうちに現状を守る会議にすり替わってしまうだけの役割しか果たさなくなる。

業績低迷を招いた当事者たちの中には、いままで取り上げてもらえなかった業績低迷の打開策を懐に温めており、会議の場で勇気をもって発言する社員も少ないながら出てくることが、確かにある。ところが、そのような貴重な意見を会議の場に晒《さら》してはならない。やはり、

〝多数の声〟によって丸められてしまうからだ。ときには、ろくに吟味もされず、「誰が言ったか」ということで取捨選択されてしまうことすらあり得る。営業改革推進責任者は、そのことを肝に銘じ、一部の尖った意見があったときは、会議に晒すことなく自分の頭の中で適切に処理し、いけると踏んだら、いきなり決定事項として具体策に盛り込むことが肝要となる。

顧客との継続性という殺し文句

営業相手が法人、個人宅にかかわらず、ルートセールスがメインの会社は、業績低迷の原因のひとつに中堅やベテラン営業社員の既得権というものがある。次に紹介する会話は、どこの会社でもよく見かける光景だ。

「○○主任、当社の業績が最近芳しくないことはよく知ってるよな。若手に小口のルート先を持たせながら新規開拓の場数を踏ませることで営業魂を鍛え、君たち二十年以上のベテランに大口のルートセールス先を守ってもらうという方針でやってきたんだが、上が『営業改革、営業改革』とうるさくてね。『いままでのタブーをすべてゼロベースにして、いろんなことにチャレンジしろ！』という方針も出たので、我が支店も営業能力に長けたベテランを小口ルート先の取引額拡大と新規開拓で活用し、能力が未熟な若手は安定した大口ルート先のお守《も》り役に回そうかと思ってね。ところが、君は異を唱えたそうじゃないか」と支店長が、生涯現役営業マンを標榜するベテラン社員に尋ねる。

「昨日、□□課長に聞きましたよ。さっそく支店長に泣きが入りましたか。あのですね、異を唱えたのではなく、意見を言ったんですよ。『課長、大口ルート先は簡単に成績が取れているように見えるかもしれませんが、私の顔があっての取り引きなんですよ。若手に変えた途端に他社にかっさらわれてしまったら、誰が責任取るんですか？』ってね。そしたら、『いままでの通りでいいです』って素直に引き下がったんで納得したと思っていたんですがね」

と○○主任。□□課長のほうが年下なので、言葉遣いは礼儀をわきまえていても、言いたい放題だったということがよくわかる。

「○○主任が大口ルート先を外れると、そんなにマイナスの影響がでかいか？」

「でかいというもんじゃないと思いますよ。特に、△△という取引先は、何と言っても、自分で新規開拓をしてからの付き合いなので、もうかれこれ十五年以上になりますからね。あそこの会社は、社長から平社員までツーカーの仲ですよ」

「確かに、○○主任の十五年にわたる貢献は、私も認めているんだがね。しかし、若手が育っていない会社の窮状を考えるとベテランが昔取った何とやらで新規開拓の弾みを付けてやってもらいたいんだよ。やっぱり最後頼りになるのは君のようなベテランなんだよ」

「そこまでおっしゃるのなら、私も会社のために頑張りましょう。でも、〝大口ルート先は担当したまま〟が条件ですよ。その条件を受け入れていただけるならひと肌脱ぎましょう」

「わかった。わかった。その条件を受け入れるから、何とか新規開拓でベテランの味を出してくれ」


支店長の「営業能力に長けたベテランを小口ルート先の取引額拡大と新規開拓で活用」というくだりは、営業の基本を実によく押さえている発言なのだが、ベテラン営業マンに上手く言い包められては台無しだ。営業という仕事は、どうも体育会系の発想が跋扈《ばっこ》しているように思えてならない。新規開拓は体力に余裕のある若手の下働き用の仕事で、ルートセールスは体力の衰えを知識や経験でカバーできる中堅からベテランの仕事という棲み分けが常識になっている会社が多い。しかし、これは大いなる思い違いだ。

私は、新規開拓ほどベテランの能力が必要だと考えている。実際に、営業コンサルティングで新規開拓営業が大きく伸びるのは、ベテラン中心に編成を変えたときだ。

確かに、若手は良く動く。特に、新卒社員は訪問件数ノルマを素直にこなそうとする。その分、偶発遭遇のお客様に出会う数も多くなり、能力が未熟な割には期待以上の成績を出すことがよくある。したがって、新人教育の手段として新規開拓営業をあてがうのは間違った戦術ではない。しかし、それは業績が安定している余裕があるときにすべき戦術と言える。業績低迷が続いてしまうと、それを打破するために、いまの戦力を俯瞰し、最適な役割分担を決めなければならない。

さきほどのやり取りの解説に話を戻すと、ベテランを新規開拓に活用するという戦術変更までは良かった。ところが、その次がいけない。ベテランの抵抗が営業改革の突破口を潰してしまったのだ。しかも、お客様との継続性を人質にした老獪な手に課長どころか支店長でさえ決断を鈍らせてしまったのだ。

こうなると、ベテランの思うつぼだ。大口ルート先が個人目標達成のための打ち出の小槌の役割を果たしてしまい、どうしても新規開拓の足が鈍ってしまう。営業という仕事に関わって既に二十五年以上が経つが、マネジメント体制がよほどしっかりしていない限り、安定成績に大きく寄与するルート先を担当している営業マンはほとんど漏れなく新規開拓営業の足が鈍る。これは理屈ではない。営業マンたちのＤＮＡだ。

このように、「大口ルート先の担当変更の恐怖」にほとんどのマネジャーが打ち勝てないのだが、私に言わせれば、単なる幻想に過ぎない。

よく考えてほしい。お客様が営業担当を気に入っているという理由だけで、大口取引を継続するだろうか。大口取引が長年継続する大原則は、当社側が提供する商品やサービスに対して、他社に切り替えるほどの不満がないことなのだ。仮に、お客様が営業担当を気に入っていることも本当に継続理由のひとつだったとしたら、その営業担当が働いている会社の継続取引をあっさりと他社に切り替えるはずがない。このように冷静に考えるとわかることなのだが、ベテランの老獪な脅し文句は、なかなか効果があるようだ。

もちろん、理想を言えば、急な担当者変更は予想外のミスを招くことがあり得るので、普段から準備しておくに越したことはない。ひとつ例を挙げれば、大口ルート先には、かならず二人体制の担当にしておくことをお奨めする。毎回二人で営業するという意味ではなく、使いっ走りは若手、重要な商談は中堅やベテランが同行するという使い分けで良い。重要商談をしている中堅やベテランの商談風景を見ることで若手は営業ノウハウを勉強できるので、人材育成にも繋がる。

改革策に理解はいらない

私は、『社畜のススメ』(新潮新書)の中で、〝モノサシ理論〟を書いたことがある。簡単に言えば、「短いモノサシ分の知識や経験しかない人は、長いモノサシ分の知識や経験がある人の発言の主旨や含蓄を理解できない」ということだ。

人が成長するということは、自分のモノサシを長くすることである。モノサシを長くする基本は、知識を徹底的に仕入れ、その知識を実践で活用する経験を積み上げることである。

人の成長の差は、知識を仕入れるスピードの違い、経験を積み重ねる量の違いから生じる。

少し脱線するが、社会人になったら学歴は関係ないというが、学歴のある人材が有利であるのは事実だ。大企業になるほどホンネのところでは学歴優秀者である程度社員を揃えたい。その理由は、知識を仕入れるスピードを若い頃から訓練済みの人が多いからだ。但し、学歴があっても大した働きをしない社会人が少なくないのも事実だ。それは、自分の学歴を過信することで、社会人になってからの地道な努力を怠ってしまうからだ。

話を戻すと、知識も経験も未熟で短いモノサシしか持たない若手が、自分よりも長いモノサシを持つ上司や会社の教えることが理解できないのは当然のことなのだ。

そして、重要なことは、「理解できないことにどういう反応を示すか」ということで成長の速度が変わってくるということである。「理解できないからこそ理解できるようになりたい」という姿勢でその教えを吸収するのか、「理解できないことは受け入れることができない」という姿勢でその教えを拒絶するのか、この岐路選択で吸収すべき知識の量とスピードに差が付くのだ。

先日、プロテニスプレーヤーとして日本人初のトップ10入りした錦織圭選手に対するテレビインタビューを見ていたら、素晴らしいコメントを言っていた。「最近力を付けてきたのは新しいコーチのおかげです。理解できない練習ばかりさせられるのですが、それを受け入れたことが、僕の成長に繋がったのです」

錦織圭選手のコメントがすべての真実を照らしている。理解できないことこそが、自分のモノサシをさらに伸ばす栄養分なのだ。なぜなら、理解できないというのは考え方の相違に原因があるのではなく、知識の欠如に原因がある場合がほとんどだからだ。わかりやすく言えば、「理解できないことは成長したあとに理解できる」ようになるのだ。だからこそ理解できない教えこそ「自分を育ててくれる栄養分」という意識で対応しなければならない。

ところが、学生ならまだしも、大人として一人前扱いをされ、「自分のことは自分で」という社会人になってしまうと、なかなかそうはいかない。理解できないことは、自分の未熟さのせいではなく、相手の言っていることが間違っていると判断してしまうようになる。

特に、年功序列的な風潮が後退して久しい現代においては、なおさらだ。そこに、大半の人が自然に持ってしまう保守病（自分の経験を信じるという病のようなもの）が合わさると、営業改革という考え方に対しては、総論賛成だけど各論反対、ということにどうしてもなってしまう。

私たちは、否が応でも他人の目を気にする。暗い人間に見られたくない。神経質な人間に見られたくない。このように考えてしまう。それと同じような意味で、変化に臆病な人間だと見られたくない傾向が強い。したがって、どのような改革に対しても、誰もが〝総論賛成〟と発言する。しかし、それはホンネではないので、〝各論〟、つまり、改革を推進するための具体策に対する反応は、どうしても〝反対〟になってしまうのである。

要するに、改革の具体策については、理解できないし、理解しようともしない人が多数となるのだ。改革の具体策は、いわば、自分にとっての長いモノサシなのだ。「この改革の具体策のことは理解できないけど、これを実践していくことが自分の成長に繋がるのだ！」と考える人がどれほどいるだろうか。残念ながら、「理解できないことには反対！」となってしまう人が多数になってしまうのが現実だ。

営業改革が失敗に終わる会社のほとんどは、改革策に理解を求めることが禁じ手だという認識が全くない。具体策を実行する当事者である社員に理解を求めようとする。当然、いつまで経っても平行線となる。理解させようとして説明過剰となり、より混乱してしまう。当事者たちはなかなか理解できないので、いたずらに時間ばかりが過ぎていく。このような負の連鎖を止める方法は、ひとつしかない。

改革の具体策に対して理解を求める必要はない。その具体策を実行するための必要知識、必要手順等を徹底的にレクチャーすることが先決なのだ。

営業改革は、トップダウンしか成功しない。これが、真実なのだ。ボトムアップから営業改革が成功するのであれば、営業改革をせざるを得ない状況にはならなかったはずだ。ボトムアップで改革を成功させることができる能力のある当事者たちに任せておけば業績低迷が続くことはなかったのだから。

第3章

営業改革、成功の法則

改革の明暗を分ける〝覚悟〟

営業改革は、トップダウンしか成功しない。

前章の最後に、私はこのような言葉を断定的に書いた。

さて、読者のみなさんの中で、現時点で私がこのように言い切ることについて理解できる人がどれぐらいいるだろうか。トップダウンかボトムアップかというのはイデオロギー論争でもあるので、ボトムアップ派の人は、トップダウンの考え方をなかなか受け入れることができないのではないだろうか。

しかし、理解できないことを学ぶことが成長の源泉であると書いたことを思い出してほしい。営業改革の成功の法則を摑みとるためにはイデオロギー論争的な視点を排除してほしい。

営業改革は、トップダウンで行なうことが成功への近道ということを経営者も覚悟しなければならないし、従業員たちも覚悟しなければならない。ボトムアップを信条としながら経営している人にとっては、相当辛いことになるだろう。また、自分のアイデアや自分のやり方にこだわりを持つ人にとっても、相当辛いことになるのは間違いない。それでも〝改革成功〟のためにやり遂げなければならないのだ。

なぜなら、従来の自分たちの知識や経験に任せた営業活動のなかからは、業績回復ができなかったからだ。その事実は重く、素直に反省しなければならない。それでも営業改革を成功させたいのであれば、いままでと違う具体策を設計し、トップダウンで断行する〝覚悟〟が必要不可欠なのだ。

経営の神様と称される故松下幸之助氏の名言に、「一方はこれで十分だと考えるが、もう一方はまだ足りないかもしれないと考える。そうしたいわば紙一枚の差が、大きな成果の違いを生む」という言葉がある。

私は、この〝紙一枚の差〟が「できる」「できない」の明暗を分ける大きな隔たりとなっているのではないかと考えている。

営業改革の明暗も、その紙一枚の差で決まる。それが、〝覚悟〟なのだ。本章では、改革達成には欠かせないいろいろな覚悟が書かれている。どれも重要だ。

間違った多数意見を押し返す

世の中に、性善説か性悪説か、どちらで考えるべきかという議論があるが、常々この議論は不毛だと考えている。なぜなら、いろいろな人がいるからだ。また、同一人物が時と場合によっては、そのどちらにも変身することもあり得る。そのような状況を踏まえた上で、敢えて言えば、私は、〝性弱説〟という独自の考え方で捉えるようにしている。人は、根っこのところで、弱い生き物だと思うからだ。弱さをカバーするために、もしくは弱さを他人に知られないために仲間がほしくなる。自分の考え方に共感する人が出てくれば、自分の考え方の信任をもらったような気になってしまう。ましてや、自分の考え方が多数の意見と同じであれば、絶対正しいと信じてしまう。

実は、それが営業改革にブレーキを掛けてしまう人間の深層心理なのだ。確実なこととして言えることは、営業改革を成功に導く具体策は、多数意見にはなり得ない。そこにすべての不幸がある。多数の支持を得る具体策は、つねに日常の営業活動に取り入れられようとするはずだ。それでも業績低迷に陥っているということは、多数の支持を得る具体策には、改革を成功させるパワーがないということに他ならない。実際に、多数の支持を得る具体策で改革が成功するのであれば、どの会社も営業改革で苦労しないはずだ。

だからこそ、営業改革を断行するためには、間違った多数意見を押し返す覚悟が必要となる。繰り返しになるが、人はその弱さゆえ、多数の意見を正しいと信じやすくなる。「少数意見は、どこかが間違っているから少数なのではないか？」と疑ってしまう。それが、保守的な発想を育ててしまうのだ。もちろん、何度も書いている通り、業績が安定している限りは、保守的な発想で充分なのだが、本書がテーマにしている営業改革が必要になった時点では、その保守的な発想がどうしても邪魔になってしまう。

以上のような理由で、大多数が保守的な発想から脱却できない。いつまで経っても、「総論賛成、各論反対」から抜け出せないのだ。

覚悟あるトップダウン・マネジメント

改革とは、多数の人が支持するという意味での正しいことを実行することではない。従来の業績低迷から脱却するための具体策を実行することなのだ。極端なことを言えば、その具体策を支持する人がいなくても、トップダウンで決めたからには、迷ってはいけない。

次の会話から私の言わんとしていることを摑み取ってほしい。

「○○部長、営業改革を断行して既に半年以上が過ぎたが、私の目には何も変わっていないように見えてしまう。業績が変わらないのはもちろんのこと、改革推進責任者として人事役員から営業役員に異動させた□□常務の改革具体策がちっとも反映されていないように思えるんだが、実際のところどうなんだね。□□常務に確認したら、『抵抗勢力が強過ぎて困っています』というようなことを言っておったが。君も抵抗勢力なのかね？」

「社長、とんでもないことです。抵抗しているつもりはありません。ただ、□□常務は新卒当時営業で頑張っていらっしゃったといっても三年ほどで本部スタッフに異動になられたからなのか、□□常務の改革策が現場であまり支持されていないのも事実なのです。私以外の営業部長もみな同じ感想です」

「私は言ったはずだ。□□常務を三十年ぶりに営業畑に戻し、営業トップに据えたのは、それなりに理由があるということを。前の営業トップの△△取締役と君たち十名の部長とのチームワークでひと頃の営業業績を支えてくれたことに感謝はしている。だが、ここ五年ほどの業績低迷に対して何ら有効的な策も打てなかったことに業を煮やしたのも事実だ。だからこそ、大幅な営業改革を決断したんだ。まず、君たち部長連中が率先して□□常務の改革案を実行する旗振り役をしなければならないんじゃないのか！」

「はい。社長のおっしゃることはごもっともなことなのですが、□□常務の改革策は、あまりにも従来の営業手法を無視し過ぎているのです。私だけではなく、すべての部長、それどころかすべての営業マンが改革策に正直、理解を示していません」

「君たち部長連中も改革の必要性には賛成だったではないか？」

「もちろんです。ですが、改革の中身の問題なのです。せっかくの機会ですので、十名の部長を代表して敢えて言わせていただきますと、改革策をもういちど私たちに練り直すご許可をいただけないでしょうか。今度こそ、自分たちで業績を回復させたいと思います」

「馬鹿もん！」

この会話で、社長に「馬鹿もん！」と言わせたのが、私の最大のメッセージだ。
まず大切なことは、社長そのものが多数意見に軸がぶれるようでは、改革は成功しない。
改革失敗の典型的な社長のセリフは次のように変わる。

「そうか。□□常務の改革策は支持されなかったか。分析能力と企画力はピカイチなのだが、営業畑三十年ぶりというのはさすがに空き過ぎたんだろうか。部長だけでなく現場の営業マンたちなど大多数に支持されていない改革策は、見直しが必要なのかもしれんな」

営業改革に失敗する会社の典型的な事例が、この社長のセリフとなる。こうなってしまうと、すべてが元の木阿弥になってしまう。気が付けば、業績低迷を招いてしまったマネジメントが繰り返されてしまう。それは、部長たちが何も変えたくないから、ある種の悪意をもって元に戻すということではない。部長たちは、何とか業績を向上させるために知恵を絞り出し合うだろう。しかし、その知恵は改革と呼べるほどのものではなく、従来の自分たち多数がやり心地の良い業務習慣から大きく逸脱することのない〝修正〟程度のものになってしまうと断定しても良い。〝いままでのやり方〟に戻ってしまうのが多数の意思だからだ。その習性を〝保守病〟と呼ぶのだ。

多数に支持されるマネジメントは心地が良い。無駄な抵抗にも合わない。しかし、改革も成功しない。

さらに加えて言うと、「馬鹿もん！」というセリフだけではなく、覚悟を示すことができる武器を□□常務に与えるか、社長自身がその武器を行使する必要がある。半年も待って、改革に対する抵抗が続いているということは、これからも続くということだ。その抵抗を終わらせるためには、人事権発令という〝覚悟〟が必要なのだ。

もちろん、私の主張しているのは最初に人事権発令ありきではない。可能な限り、いまのメンバーで改革を実行できるに越したことはない。しかし、半年以上抵抗勢力が衰えないというのは、そろそろ決断のときを迎えたと言っていい。私の営業コンサルティングの経験も、この考え方の有効性を示している。

大幅な営業改革の成功を果たした会社は、改革断行のための人事権発令を上手く使っている。

第三者の目効果

人事権発令という荒業も辞さない覚悟が必要だということを書いたが、できればいまのメンバーの誰一人変えることなく営業改革を成功させたいと考えるのは人情というものだろう。

営業改革に初めて取り組む会社は、可能な限りメンバーを変えずに行なおうとする。営業部門のトップが営業改革推進責任者となる。ここまで本書を読み進めてきた読者にはわかることだろうが、営業改革に取り組まざるを得ない原因を作った張本人が営業改革推進責任者になるということは、すべてをゼロベースから見直し、効果的な改革策を構築することは、ほとんど期待できない。それでも、営業改革という言葉は力強く躍り、結果管理の目はいままでよりも厳しくなるかもしれないが、結局は何も変化せず、第一回目の営業改革は失敗に終わることが多い。

業績低迷でも、余裕のある会社はそれでもいいのかもしれないが、大半の会社は、そのような時間の浪費を最も恐れる。したがって、営業改革の取り組みは、第一回目から営業改革推進責任者は新しい人に任せたほうが良いのだが、改革のスピードも重要経営課題なのであれば、外部の営業コンサルタントの招聘をお奨めする。

私が、営業コンサルティング事業を行なっているからという姑息な意味ではなく、第三者の目効果が期待できるからだ。

営業コンサルタントとして働き出してからすぐに気付いたことなのだが、営業改革策を構築するために現状分析をしている段階から、ほとんどの会社で業績が幾分回復するという現象がみられる。

これは、第三者の目効果として考えれば説明がつく。

「外部の人間に見られている」、「社長にチクられたくない」、「社長が最近営業部によく顔を出すようになった」など、いろいろな変化が、モチベーションアップに確実に結びついているからだ。

この第三者の目効果は、決して、無視できないパワーがある。

改革三本柱

さて、この項が本書の核となる部分だ。

改革具体策の詳細になると会社毎に違ってくるが、改革具体策の根本は恐ろしいほど共通しているのが、私の営業コンサルタントとしての素直な実感だ。

その共通するものとは、営業量の倍増、営業知識量の倍増、チームワーク量の倍増、という改革三本柱だ。

読者のみなさんへの最大のプレゼントは、社内に改革推進を任せることができる人材が見当たらず、かと言って、外部の営業コンサルタントを雇い入れる予算も獲れないという会社に対して、この改革三本柱について、これから詳しく書いていくことではないだろうか。最低限、この改革三本柱だけでも具体策の柱にすれば、業績回復の光は見えてくるだろう。それほど、営業改革の急所を突いた部分なのだ。営業の定石中の定石と言っても良い。

ひとつめの柱である〝営業量の倍増〟から確認していこう。

改革三本柱の中で唯一、本当の数量でチェックできるので取り組みやすい具体策なのだが、その達成となるとなかなか骨が折れる。簡単に言えば、一日の平均商談数が三件の法人営業を持つ会社は、一日六件となる。一日の平均飛び込み数が五十件の個人宅開拓営業を持つ会社は、一日百件となる。

この数字を聞いただけで、実際に営業する当事者たちからは、「無理です」という声が聞こえてくる。マネジャーたちも当然、その多数の心の内を慮《おもんぱか》って、「無理です」となる。「業績低迷から抜け出すための具体策として、営業量を二倍にすることができないのであれば、何ができるのか？」と意見を聞こうものなら、一日四件なら、一日六十件なら、と値切り交渉に入ってしまう。営業が現場で値切り交渉に辟易している分、まさか社内でその鬱憤を晴らしているわけでもないだろうが、値切りという多数の思いに軸がぶれるようでは、この営業改革は既に失敗が決まったも同然と言える。

量よりも質、という考え方も根強いものがあるが、ここで量がなぜ重要なのかということを整理してみよう。

営業量が増えるということは、接触量が増えるということになる。接触量が増えるということは、お客様の意識にいままで以上に数多く触れるということだ。お客様の意識とは、ニーズがあるのかないのか、ネックが強いのか弱いのか、ということに関するシグナルだと考えて良い。そのシグナルのレベルによって、受注に至るまでのスピードと可能性が分類できるようになる。俗にいう、脈有り案件のカテゴライズだ。

営業とは、よく畑仕事に喩えられるが、アプローチが種まき、脈有り案件が芽、商談が肥やしであり、クロージングが収穫となる。ひとつでも多くの収穫を得ようとすると、アプローチの種まきの量を多くすることが最良策となる。それが、営業量そのものなのだ。

質とは、肥やしのことであるが、種が少なければどれだけ良質な肥やしであっても収穫はたかだか知れている。もちろん肥やしがなければどれだけ種をまいても仕方がないが、種をまかない限り収穫できないのも事実だ。

では、どれだけの種をまかなければならないのか。

いままでと違う量の収穫を目指すのであれば、大胆なことが必要になってくるだろう。

その目安が倍増ということなのだ。

営業知識量の倍増が受注ロスをカバーする

次に、営業知識量の倍増作戦に移る。

これは、営業量のように数値化できない事案なので、多少抽象的な記述になるのはやむを得ないが、逆に、二倍でなければならないということはなく、三倍、四倍と貪欲に知識を吸収するに越したことはない。いわば、倍増というのは二倍という意味を指すのではなく、知識量を大増量するという意味で捉えてほしい。

知識は、68頁で書いた通り、自社情報、他社情報、業界情報、自己経験、他人経験、営業技術、一般教養の七つに大別される。

これら七つの知識を万遍なく、満足に使いこなせている営業マンは、正直に言って、ほとんど出会ったことがない。そして、その理由もわかっている。それは、知識が不足気味でも商談はできるからだ。実際に、ブランド力、商品力、業界力があれば、営業は数打ちゃ当たる。それに満足しているので、わざわざ知識量をさらに増やす苦労をしたくないだけなのだ。

逆に言えば、営業知識を万遍なく、満足に使いこなせていれば、受注はさらにどれぐらい増えるかということについては、未知数の領域だ。つまり、営業目標というのは、最初は営業マンの平均以上のラインで設定され、ある程度会社の歴史が積みあがると前年対比で設定されるのが基本となっているが、それは、営業知識を完璧にマスターした営業マンの基準で設定されたものではないということだけは確かなことだ。

私は、このことを営業の〝取りこぼし〟と呼んでいる。本来営業可能な水準を誰もが見逃し、それよりも低い水準で営業目標を設定することにより、それ以上追わなくなることで生じてしまっている〝受注ロス〟を意味する。

営業マンには、〝百五パーセントの安住〟という感情がどうしても生じる。百パーセントを達成したら気が弛《ゆる》み、無理に追加受注の追込みをしなくなることにより、目標達成者の達成率が百パーセントから百五パーセントに集中する現象を皮肉った私の造語だ。

知識量を増やせば、どこまで業績が上がるのか、どこまで取りこぼし分を取り戻すことができるのか、そもそも、取りこぼし分とは、どれぐらいの量なのか、いろいろなことが未知数なだけに、知識量を増やす魅力は計り知れないものがある。そのように考えてほしい。

まずは倍増計画からスタートするのだが、営業量のように測ることができないので、実際のカウントは難しい。したがって、覚えるべき知識基準を設定し、定期的に知識テストを行なうことで知識水準を測ることから始めることをお奨めする。私の経験から言えば、それだけでも充分いまの知識量の倍以上になるだろう。

その知識基準は、七つの知識カテゴリーのうち、一般教養以外は、具体的に設定できる。例えば、自社情報、他社情報、業界情報に関しては、覚えるべきテキスト代わりの活字媒体を指定しておく。○○パンフレット、□□カタログ、××業界紙という具合に。

また、自己経験、他人経験、営業技術については、既存の何かを覚えるというわけにはいかない。それらの知識を整理した営業マニュアルを作成しておくべきであろう。営業マニュアルについては、142頁に詳しく書いているので参考にしてほしい。

チームワーク量の数値化

さて、三つ目のチームワークの倍増について考えてみよう。簡単に言えば、チームワークを二倍に強化するということだが、さすがに抽象的すぎて何をどのように取り組めば良いのかわかりづらい。

また、営業知識量のように、測定できなくても「これぐらい覚えれば倍以上と言っていいだろう」というような感覚値も湧いてこない。だからなのか、「みんなで頑張ろう！」的な気合を付ければそれがチームワーク、会議を多くすればそれがチームワーク、みなが一律同じ時間まで残業すればそれがチームワーク、マネジャーが〝チームワーク〟という言葉を連呼すればそれがチームワーク、というような感覚語になってしまっているのが実情だ。

しかし、チームワークの強化が業績向上にとって重要な役割を果たすことは確かなことだ。営業コンサルタントに長年取り組み、そのことを痛切に感じている。いま思うと、自分が現役マネジャーだった頃は、本当のチームワークというものがわかっていなかった、ということを素直に反省するぐらいだ。

私は、営業コンサルタントとして、「チームワークを測定できる具体的な行動と基準というものを作りたい」という一念でチームワークの〝量〟の測定化に取り組み、それを基本プログラムとして必ず導入している。どのような組織形態、どのような商材を扱っている会社であっても、この基本プログラムは必須と考えている。

まず、チームワークとは、そもそも業績向上にどのように役立つのか、という根本を知らなければならない。そのために私が考えた結論は、次の概念だ。

「チームワークは、個人の能力以上の結果を引き出すもの」

何のための組織か。何のためのチームか。それは、個人能力のプラスアルファの結果を出すためにある。それこそが営業コンサルタントとして確信している極意だ。それを実現するための方法が、「気合を入れる」、「みんな仲良くなろう」というような抽象的な概念であってはならない。具体的な行動指針が出ないからだ。測定できる行動に置き換えるべきなのだ。

能力以上の結果を引き出す

そこで、営業結果の個人差が出る仕組みを改めて整理したい。それは、次の四つに大別される。

❶アプローチ（接触）量
❷脈有り先に対する継続商談量と能力
❸クロージング能力
❹アフターフォロー量

新規開拓営業であっても、ルートセールスであっても、営業の原理原則は、この四つの局面で営業結果を左右する。

アプローチ量が少なければそれだけ潜在ニーズに接触する数が少なくなるので、よほど営業能力がずば抜けていない限り、営業結果は悪くなる。

脈有りの営業先に対する継続商談を忘れたり、足が遠のいたりすればもちろんのこと、商談能力そのものが不足していれば営業結果は悪くなる。マネジャーも営業本人も気付いていないが、これを原因とした営業成績の取りこぼしが大きな割合を占めている。

せっかく商談を詰めても、クロージング能力が不足していれば、営業結果は悪くなる。契約に至ったお客様に対するアフターフォローを疎かにすれば、顧客からの紹介が期待できなくなるので営業結果は悪くなる。ルートセールスの場合は、アフターフォローが実質次のアプローチの役割も果たすことを肝に銘じなければならない。何もせず永遠に受注が続くことはないからだ。

よもや「釣った魚に餌はやらない」的な発想ではないだろうが、アフターフォローは、どうしても軽視されがちになる。顧客が顧客を招く紹介営業は、どうしても自分で営業している実感が湧かないからだろうか。

ギネスブックに認定された世界一のセールスマンであるジョー・ジラード氏は、著書『私に売れないモノはない！』（フォレスト出版）の中で、「ジラードの二五〇の法則」という考え方を書いている。これは、なかなか興味深い話で、簡単に言えば、「一人の客に嫌われることは、あと二五〇人の客に嫌われることだ」という意味で使っている。なぜなら、一人平均二五〇人の話し相手がいるという計算からだ。二五〇人の真偽は別にして、とても大切な発想だ。なぜなら、「一人の客に満足してもらうことは、あと二五〇人の客を紹介してもらえるチャンスがある」という発想もできるからだ。

チームワークの測定化の話に戻すと、営業結果の個人差がでる重要四局面に対して、マネジャーが何らかの形で関わることによって、本人の能力以上の結果を引き出すことこそ、本当のチームワークのあり方だと私は考える。アプローチ量に対して適切な指導を行ない、本人の抵抗の有無に関係なく増量させることが立派なチームワークと言える。アフターフォローも同様だ。特に、チームワークが効率的に発揮されるのは、個人の能力不足に関連するところだろう。脈有り案件やクロージング案件の内容と担当営業マンの能力関係を吟味し、その担当営業マンの能力では力量不足による失注の恐れがある場合、マネジャーが同行営業を行ないレベルの高い商談を見せてあげるか、同行の時間が取れなければ少なくても事前に攻め方アドバイスを行なうことこそ〝チームワーク〟と呼べるものなのだ。

これなら測定できる。何度同行したか。何度攻め方アドバイスを行なったか。ということをカウントすれば良いのだ。私の経験からすると、業績低迷の営業チームは、ほぼ同行営業も、攻め方アドバイスも行なっていない。「毎週開いている会議で攻め方アドバイスを行なっています」とズレた発言をする営業マネジャーが多いが、日々商談している現場営業に毎週というのは時期ズレが甚だしいし、全員を相手にしたアドバイスはその有効性が薄れる。重要なことは、〝日次〟で〝一対一〟でアドバイスを行ない、スケジュールの都合さえつけば同行営業を行なうことなのだ。

これこそが、本当のチームワークと言える。そして、「YES, WE CAN」の結び付きが期待できる。

マネジメント手法の没個性化

営業コンサルティングを行なっていると、いろいろな会社に出会う。意外に多いのが、マネジメント手法をそれぞれのマネジャーに任せるスタイルをとっている会社だ。営業本部は業績結果管理を行なっているだけで、営業マネジメントスタイルは、営業マネジャーの自由に任せているということだ。中には、営業日報のフォーマットまでバラバラという会社すらあった。

本書で繰り返し述べているが、どのようなスタイルをとろうと業績が想定内以上であれば、それでも良いと思う（業績が低迷したときには回復遅れが生じやすい危険性はあるが）。しかし、切実な思いで本書を読んでいる経営者、営業責任者、営業マネジャー、営業マンたちの会社のマネジメント手法が現場チームに任されているのであれば、即刻そのスタイルを変えなければならない。

それは、没個性のスタイルだ。営業マネジャーの個性にマネジメント手法を委ねてはならない。例えば、同じ商材を扱っているにもかかわらず、ある営業マネジャーは飛び込み中心で、ある営業マネジャーは電話中心というようなことをしてはいけない。これら現場マネジャー任せは、結果管理スタイルの典型的な考え方なのだが、いまの業績低迷、もしくは業績伸び悩みから脱出したい営業部は、速やかに統一的なマネジメント手法を設計すべきである。

どのように設計すべきか、ということについては、本書で指摘していることを充分に参考にしてほしい。それを基本に、それぞれの会社特有の営業ノウハウを加味すればいいだろう。

一言付け加えるならば、元来の個性の意味を取り違えた発想が多いというのが、営業コンサルタントとしての実感だ。マネジメント手法をマネジャーに任せるのは個性を尊重しているからではなく、会社側の単なる手抜きである。営業はなぜか情報やノウハウの一本化を嫌がる傾向が強い。北海道の営業マンは、地元独特の営業スタイルがあると主張する。九州の営業マンも地元独特の営業スタイルの存在を主張する。それ以外のエリアもすべて同様だ。したがって、共有すべき情報やノウハウは案外少ないのだ、という主張になる。そして、主張どころか、営業マニュアルをきっちりと作り、全員が共有ノウハウとしてマスターしている会社は、銀行などのような営業から発する情報にミスがあってはならない商材を取り扱っている一部の業界は除いて、驚くほど少ない。

営業マネジメント手法を共有化させずに、それぞれのエリアの独自性に委ねることが正しいという考え方が根強いからだ。残念ながら、その考え方が、営業改革の進捗を鈍らせてしまう要因にもなっている。

いろいろな会社で仕事をしている営業コンサルタントの目から見ると、「基本は同じ」、これが結論だ。営業マネジメントの手法は、必ず統一し、没個性化しなければならない。それでも、マネジャーの人間的な個性が損われることはない。人が人をマネジメントするということは、そのようなものではないだろうか。

教育は繰り返すこと

営業改革に限らず、部下の知識向上を促進するための営業マネジメント上、大切なことを欠落させる間違った考え方がある。

それは、「一度教えたことは繰り返し教えない」という考え方だ。「一度教えたことを覚えない部下が悪い」という意識がひとつ。そして、もうひとつある。「同じことを教える時間がもったいない」という意識だ。

ところが、「私は、『一度教えたことは繰り返し教えない』という石頭ではないよ」と自覚していないマネジャーが多い。それほど、無意識のうちにすり込まれた発想だからだ。

それを証明するために、次の質問をみなさんにぶつけてみたい。

「こんなこともわからないのか！　何度教えたらわかるんだ！」

この意味に近いセリフをいままで全く言葉にしたことも、思ったこともなく、できるようになるまで何度も繰り返し同じことを教え続けている人はどれぐらいいるだろうか？

ほとんどいないだろう、というのが、私の職業上の経験だ。私は、このセリフにあるような発想こそ、マネジメントの考え方から一掃しなければならない誤謬《ごびゅう》的発想だと考えている。マネジメントとは、一部のエリートを作るためにあったり、付いてくることができない社員をふるいに落とすためにあったりするものではないことは誰もが思う共通認識だろう。しかし、「一度教えたら繰り返し教えない」という発想は、まさしくエリート作りか脱落組作りのためのものだ。なぜこのような、認識と発想の矛盾が生じるのだろうか。

それは、〝仕事を教える〟技術が、確立されていないからだ。ところが、営業以外の部署は、営業ほどその未確立が社員教育に支障をきたしていない。その理由は、仕事現場が同じ空間にあることが多く、意識、無意識は別にして、つねに先輩社員の仕事っぷりを見ることで何度も模倣することができているからだ。つまり、結果的に「覚えるまで繰り返し教えられる」環境下で働いていることになる。

ところが、営業の働く環境は違う。「いってきます！」と言って外に出たら、原則一人だ。「覚えるまで繰り返し教えられる」環境とはほど遠い。だからこそ、同行営業や攻め方アドバイスというチームワークが、その代用として大切なオペレーションとなる。そして、より確実に結果を出すためのノウハウであると同時に、人材育成のノウハウでもあるのだ。

営業は、一人で仕事をしなければならない。だからこそ、マネジメントは、「できるまで何度も同じことを教える」ということを強く意識しなければならないのだ。

水戸黄門の紋所

「格さん、助さん、このへんで」

「控え居《お》ろう！　この紋所が目に入らぬか。畏れ多くも先の副将軍、水戸光圀公にあらせられるぞ！」
「へへぇ」

毎度おなじみのパターンだが、何度見ても心がスッキリする名場面と言える。たまに破れかぶれで黄門様に襲い掛かる輩もいるが、そのほとんどは三つ葉葵の紋所が描かれた印籠を見せられた時点で、どのような悪党でもひれ伏し、裁きを委ねてしまう。テレビドラマの作り事、と言ってしまえばそれまでだが、営業改革を成功させるためには、水戸黄門の紋所を必要とする。

営業改革は、従来の営業手法を大幅に変えることが多くなる。総論は賛成でも、各論の具体策になると全員が一致して賛同することはまずない。ほとんどの人が、その具体策の意図するところを理解できず、もしくは理解はできるが信条の違いで不服を抱えながら従うという構図ができあがる。まさしく、「あちらを立てればこちらが立たず」という状態なので、営業当事者の意見を参考にしながら修正などしようものなら、収拾がつかなくなってしまい改革は失敗する。だからこそ、軸がブレない強いトップダウン方式以外に改革は推進できないのだ。

しかし、実際の会社の組織は、派閥もあれば、好き嫌いもある。ライバル対立もあれば、本社支社対立もある。営業改革の中身ではなく、そのような人間関係の綱引きが改革にブレーキを掛けていることが往々にしてあるのだ。

このように考えると、営業改革は理屈ではなく、いざというときのために、絶対服従をさせる水戸黄門の紋所を用意できるかどうかが成功の鍵を握ると考えたほうが良い。

みんなよく頑張っているのに、なかなか業績が回復しないのは、ほとんどの営業関係者が理解できることばかりを方針として打ち立てて（つまり、従来のやり方を強化しただけの方針）、結果的怠慢時間を増やしているだけで、本人たちはよく働いていると錯覚しているだけなのだ。営業改革の中身が空虚なものになってしまっていることに誰も気が付いていない。営業改革に必要な具体策という中身は、本来、角張っていなければならない。ほとんどの当事者にとって、角が当たって痛いものでなければならない。痛くても、会社の方針として我慢させなければならない。

世の中の風潮で、トップダウンよりもボトムアップに慣れた社員が多くなっている。若手の意見を聞いてもらえる風土が就活条件の決め手となり入社してきた社員も数多くいる。また、インターネットが出現したことによって、「2ちゃんねる」に代表されるような自分の愚痴、自分の言い訳、自分の未熟な考えに賛同してもらえる場が急激に増加している。つまり、どのような意見であっても、自分の考え方が多数派なのだと錯覚させてしまう環境が存在してしまっている。あるネット会話。


「ねぇ、誰か聞いてくれるか」

「なんだね、俺が正義くん」

「やぁ、月光仮面か。うちの会社さぁ、営業本部長が変わっちまって、営業改革を断行すると宣言したんだけどよぉ、その方針がダセぇの。まずは、これからの営業スタイルは飛び込みを中心にするんだってよ。しかも一日百件だとよ。おしんの時代じゃねえんだからよ、そんなスパルタこいてどうすっちゅうんだよ」

「だっせえ～」

「そうだろ、月光仮面。いままで意見の合わなかった営業課長とも意見が合っちゃってさ。

会議では新しい本部長のことを散々コケおろしてたよ。『百件飛び込んで、何が変わるってんだよ。大切なのは中身だろ』だって。たまにはあいつもいいこと言うね」

「百件飛び込みって、まるで軍隊だな」

「そうそう、それで、お偉いさんが集まる昨日の営業会議で、俺の課が吊るし喰らっちゃってさ。俺なんて名指しで、『なんで三十件なんだ！』とこっぴどく課長が怒られたんだってよ。そしたら、今日、課長に大目玉だよ。『お前、せめて六十件ぐらいはやっとけ！』だってよ。だから俺は言ってやったよ。『若者の意見を聞く風土が気に入ってこの会社に入社したんです。私たち若者の意見も聞かず飛び込み中心の営業方針に変更されたことが全く理解できません』ってね。そしたら、課長も『俺も君の意見はよくわかる。でも三十件は目立ち過ぎるだろう。もっと処世術を使え！』だとよ」

「会社はな、すぐにそういう具合に朝令暮改をするもんなんや。入社のときの約束なんかあらへん、あらへん」

「おおっ、久々に関西の理屈くんじゃないか。だろっ。俺の言うこと、どこも間違ってないよな。やってられんよ」

第三者がこのような会話を覗き見たとしたら、「その課長にその部下あり」ということがすぐに見抜けるのだが、これが当事者になってしまうと自分の意見を支持されたと勘違いすることで、つねに「上が間違っている」となってしまう。また実態上ではなく、本人たちの独善的な感覚でブラック企業と認定してしまうこともある。つまり、自分に都合が悪い会社はブラック企業であり、同レベルの人がそれを支持すれば、「自分たちの意見が正しい」となるのだ。

だからこそ、水戸黄門の紋所が必要になる。そして、そのような紋所効果をいざというときに出すためにも、会社の上層部は軸のブレない強い意思をもたなければならないし、社員の立場の人は、一例で紹介した〝俺が正義くん〟のような態度になるのではなく、理解できないことを実行することが自分の成長となり、自分のモノサシもさらに伸びるという信念の下、改革を支える人間にならなければならない。

ましてや、マネジャーであれば、この一例の課長のような日和見的な態度は絶対にとってはならない。

営業改革が成功しない舞台裏は、このような営業マネジャーとプレーヤーが多いからである。

営業バイブルの驚くべき効用

本章の最後に、クライアントから評価が高い営業バイブルについて説明を加えたい。

営業バイブルというのは、藤本版営業マニュアルの呼び名である。営業マニュアルとの違いは、一般的なマニュアルのように項目別の説明書きという体裁をとっていないことだ。見た目は、完璧に新書と同じだ。つまり、本書のようなビジネス文書の形式をとり、その中身は、依頼されたクライアントで必要な営業知識やノウハウで埋まっているというイメージを懐いていただくとわかりやすいかもしれない。

このような形式で作成した理由は、箇条書きで説明調のマニュアル形式は実践で役に立ちにくいからである。辞書として逆引き用に使うには使い勝手が良い形式だが、営業は現場での瞬時のやり取りが大切なので、社に戻ってからマニュアルを参照するのは、どうしてもリズムが良くない。そこで考え付いたのが、ビジネス文書形式の営業マニュアルだったのだ。

手に取った大きさは、新書版と全く同じ一七三×一〇五ミリを基本とし、ページ数も二〇〇頁前後で仕上げることが多い。まさしく本書の大きさと同じだ。その中身は自分の会社の営業知識でいっぱい詰まっているという感じだ。二、三時間で充分に精読できる。ビジネス文書形式を実践的な方法として奨める理由は、何度も繰り返して精読することが可能だからだ。箇条書きのマニュアルだと、そうはいかない。順序立ててはいるが無機質な単語が並んでいるだけなので、一度目を通したら二度と目を通したくなくなる。あとは、逆引き辞書として活用するだけになってしまう。それは避けたい。

営業バイブルの活用方法は、次の通りだ。

❶まず、週一回の精読を最低十週間続ける。
❷その後、読んでいる文章の次に書かれていることが浮かぶようになるまで、週一回の精読ペースを続ける。
❸読んでいる文章の次に書かれていることが浮かぶようになれば、月一回の精読ペースにする。

「これだけ?」と思う人もいるかもしれないが、月一回の精読ペースになった人は、営業現場で必要な知識量、および商談の流れを作る能力が知らず知らずのうちに向上していることに気付く。営業バイブルは、継続精読ができる量に絞って作成するので、すべての知識を盛り込んでいるわけではないが、いままでとは質の違う知識が身に付いていることに誰もが驚く。あとは、営業バイブルのエッセンスが頭に入った状態で数多くの商談経験を積み上げることで、知識が知識を招き入れるようになる。営業バイブルは、そのような営業能力向上の好循環の道標としての役割を果たすものだと考えてほしい。また、どうしても追加したい知識内容が増えてくれば、二冊目、三冊目と分冊することをお奨めする。

私の経験から指摘すると、どの会社にも精読を途中で放棄する社員が必ずいる。必要回数の精読をしていないのに精読したと嘘をつく社員も必ずいる。そのような社員がごく一部に限定されるのであれば、見逃しても大勢に影響はないのだが、二割以上いるようであれば、定期的にテストを行なうべきであろう。できれば、人事評価の一項目に加えることをお奨めする。営業マンがお客様に対して、基本的な知識について同じことを言うということは、とても大切なことだからだ。営業マンが、自分の好き勝手な言葉や知識で会社の商材を説明するのは、お客様に対して大変な失礼をしているという発想を営業関係者全員が共有してほしい。

営業マニュアル通りに営業が商談するのはマニュアル人間がしゃべっているようで、血が通っていないのではないかと勘違いする人もいるが、営業マンによってお客様に伝えるメッセージのレベル差が違うということのほうが、お客様に対して血が通っていない失礼な営業スタイルと言わざるを得ない。

また、現実的に、商談は生きものなので、必ず営業バイブルに記載されていないことに対するアドリブの応答もしなければならない。どれだけマニュアルを整備しても、営業現場は充分個性的であり、人間的なやりとりが毎日繰り広げられていることを忘れてはならない。

第4章

営業改革、やり直しの手順

気合より準備が大切

みなさんは、丹田《たんでん》というものを知っていますか？

『大辞林第三版』では、「東洋医学で，臍《へそ》の下のあたりをいう。全身の精気の集まる所とされる」とあり、臍下《せいか》丹田と呼ぶこともある。晋の葛洪《かっこう》の『抱朴子《ほうぼくし》』では，「両眉の間の三寸入った所を上丹田、心臓の下にあるのを中丹田、臍下二寸四分にあるのを下丹田と呼び」と三つの丹田を分けているが、一般的に丹田と言った場合は、臍下丹田を指すことが多い。

なぜ、丹田の話を取り上げるかというと、絶対成功させたいときの人間の知恵を歴史から学びたいからだ。戦国時代、武将はここが勝負という戦のときは決まって赤いふんどしを腰に巻いたそうだ。それは、赤色が丹田を刺激して、一種の興奮状態にする効果を活用したものだと言われている。生きるか死ぬかの戦いで相手陣地に突撃するためには、興奮状態になる必然性があったのであろう。

人の目で見える電磁波のことを可視光線というが、その中で波長の長いものを赤色として人は認知している。順に、橙、黄、緑、青、紫となる。虹のスペクトルだ。そして、紫よりも波長の短いものを紫外線、赤よりも波長の長いものを赤外線といい、人の目では見えない不可視光線の領域となる。波長の長い電磁波が肌に触れると体温が上がると言われている。実際に、遠赤外線の放射は、対象物に熱を与える効果があり、暖房器具は赤の可視光から遠赤外線の不可視光の電磁波を利用したものである。

戦国時代の人々が、科学の知識を持っていたとは思えないので、赤いふんどしを腰に巻くと丹田を熱く刺激し、人は興奮状態になるということを経験から学んだ知恵として伝承されてきたのだろう。

ここからが本題だが、昔の人も〝いざ〟というときに、気合も鼓舞しただろうが、気合だけではなく赤いふんどしという準備をきっちりとしていたということから私たちは学ばなければならない。営業改革に失敗する会社は、準備不足甚だしく、「今度こそは」という気合付けによるモチベーション・アップに頼っているとしか思えないところが多い。

人は都合の良い生き物なのか、崖っぷちの剣ヶ峰に立つと、なぜか〝火事場の馬鹿力〟を信じ、〝いままで以上の気合〟を付ければ、営業改革も乗り切れると楽観視しているとしか思えないほど、準備の大切さに目を向けていない。実際には、「何を準備すれば良いのか」ということすらわからない、ということがホンネなのだろうが。

営業改革は、いままでの延長上の改革策では成功確率は極めて低い。しかし、いままでと違う改革の具体策をどのようにすれば良いのかがわかる人がそうそう社内に現われることもないのが現実だろう。もし、現われたとしても、その人に営業実績がなければ、営業の上層部をはじめ現場の営業マンまでもが具体策に耳を傾けることは難しいだろう。

営業コンサルタントは、そういう意味で、重要な役割を担っているのだが、まだまだ認知されているとは言い難い。そのように思う理由は、私の知り得る限りは、経営コンサルタントに依頼したり、研修会社に依頼したり、という具合に、営業コンサルタント以外への依頼がまだまだ見受けられるからだ。依頼された会社は、真剣に対応するだろうが、営業改革を成功させるためにとても大切な改革の手順は相当四苦八苦せざるを得ないだろうと想像する。

本章で、営業コンサルタントが取り組む改革準備手順を惜しみなく披露する予定だ。改革に関わるいろいろな方々に役立つことを願う。

営業学という学問がない不幸

私が、いろいろな会社で営業コンサルティングに携わり、最もビックリするのは、現状分析に対する考え方、そして、実際の取り組みだ。営業という組織が、いつの間に大学教授の集まりになったのだろうと勘違いするほど、改革には無意味なことばかり分析している。現状分析の目的を見失っているからだろう。現状分析の目的は、営業改革の具体策を策定するためであって、現状分析したという実績を残すためでは決してないのだが、営業という分野は学問が正式に存在していないので、どうしても経営学やマーケティング学から分析手法を引っ張らざるを得ないのも事実なのだ。誰を責めるわけにもいかない。

例えば、SWOT分析などは、その代表例だろう。SWOTとは、S（Strengths＝強み／組織や個人など内的に強い点）、W（Weaknesses＝弱み／組織や個人など内的に弱い点）、O（Opportunities＝機会／市場や環境など外的に強い点）、T（Threats＝脅威／市場や環境など外的に弱い点）の頭文字を組み合わせた言葉だが、営業改革の具体策を決めるためには、何の役にも立たない。４Ｃ分析（Customer、Channel、Competitor、Company）や４Ｐ分析（Product、Place、Price、Promotion）なども同様だ。経営やマーケティングの視点に思考範囲を広げた場合には、とても有益な分析手法であることは間違いない。また、営業幹部にとっても知っておくに越したことはないだろう。だが、これらの分析が、具体策を策定するための材料になるかというと、ただ状況証拠を並べているだけで、それ以上の役に立つことはない。

営業改革を行なうために、普段とは違う特別な分析も必要だと考える傾向が強くなるのも事実だろう。そのために、経営企画室やマーケティング室など本部スタッフや経営コンサルタント、中小企業診断士などにどうしても依頼してしまう。彼らは、それが仕事なので、とても詳細にきっちりと分析してくる。しかし、「自社と競合の強みと弱みを整理し、コア・コンピタンスを見極めると……」と、分析のための分析になってしまうのがオチだ。

ＳＦＡの普及も営業分析を複雑なものにしている。ＳＦＡは、ハイグレードなシステムになり過ぎた。営業ツールとしては、インプットもアウトプットも、不必要な部分があまりにも多過ぎる。複雑な分析を可能にするために、営業マンたちの入力時間という結果的怠慢時間を増やし、営業時間そのものを奪ってしまっているとしたら、本末転倒と言わざるを得ない。

目からウロコの現状分析手法

以上、私の雑感を読むとわかってきたと思うが、営業分析に、よそいきの服を着る必要はない。普段の営業結果データさえあれば、それでいい。

まず、最低限必要なインプット・データは、個人別の情報として、所属部署（班、課、部、支店等）、売上目標、売上結果、営業件（軒）数、商談件数（本書では、営業件数と商談件数の違いは、商談したかどうかで分類する。例えば、飛び込み三十件でその内アポも含めて商談できたのが五件だとすると営業件数三十件、商談件数五件となる。アポ商談以外はないという会社であれば、営業件数と商談件数は同数となるので営業件数は省略しても良い）、同行商談件数、助言商談件数があれば良い。顧客別の情報として、住所・電話等の固有情報、商談履歴（日時、商談時間、商談レベル、商談内容、同行有無、助言有無等）があれば良い（自動計算できるなら不要）。

その他、利益重視の会社は、利益関連のインプット・データを追加すれば良い

恐らく、ほとんどの読者が、「それだけのデータで何ができるのか？」と疑問に感じているだろう。インプット・データとして、個人別もしくは顧客別にそれぞれ二つ、三つほどのデータを加えるぐらいは構わないが、大切なことは、インプットの量を絞り、営業マンの入力負担を減らしてあげることなのだ。

それよりも、営業改革の具体策作りに大切なことは、アウトプット・データのほうである。個人別や部署別に目標達成率や営業件数、商談件数を並べてみても何も始まらない（成績一覧表としては必要だが）。小見出しを目からウロコとしたのは、このアウトプットにある。

営業改革に必要な軸は、営業量の倍増、営業知識量の倍増、チームワーク量の倍増と第三章で書いたことを覚えているだろうか？

この倍増を具体化させるためのデータのアウトプットがあれば良く、さきほどのインプット・データさえあれば、営業量とチームワーク量の指標が出る。

営業量を倍増させる方法

個人の営業量を具体化するための方法は次の通りだ。

❶いままでの営業件数の日次平均値の二倍目標を三か月間続ける。営業件数データをカウントしていなかった会社は、全営業マンを対象に調査した上で、同様に行なう（正確性にこだわる必要はない）。

❷三か月間の日次平均データを個人営業件数順に並べ、上位二十パーセントの個人データの平均値を出す。それを正式な営業件数目標として、全員に課する。

❸商談件数も同様の手順を踏み、正式な商談件数目標を設定して、全員に課する。

❹よほどの特殊な事情がない限り、エリア格差を設定してはならない。

営業量を増やすのは、営業改革の基本中の基本であることを忘れてはならない。改革の単純発想は、一か月で二か月分動くことで、二か月分の営業結果がでるのではないかと考えることなのだ。実際には、顧客側の決断メカニズムに左右されるので単純に二倍とならないケースのほうが多いが、間違いなく業績は向上する。営業改革は、これだけを行なってもある程度成果が上がると言っても過言ではない。

しかし、営業量倍増策は、あまりにも単純過ぎて、ほとんど人がこの考え方をパスしてしまう。もしくは、「これ以上回れない」という営業マネジャーや営業マンたちの思い込みに引きずられてパスしてしまう。大抵は、どちらかなのだ。

さて、「上位二十パーセントの個人データの日次平均値を営業件数目標にする」という目標設定方法に驚いた人が多いのではないだろうか。一般常識的には、二倍の営業量を三か月続けた数字だから、その全体の平均値を現実的な目標にする、もしくは、せめて平均値の二割増しぐらいを正式な目標にする、と考えるだろう。

しかし、私の営業コンサルタントとしての経験で判断すると、当初の三か月でスピーディーに且つ創意工夫を重ねて対応できる人は、残念ながら全体の上位二割ぐらいだ。つまり、創意工夫さえすれば上位二割の平均値は物理的に誰もが可能な件数ということになる。言い換えれば、上位二割以外の人は、改革に取り組むスピード感と創意工夫が足りないので、参考にしてはいけないのだ。また、能力と違って単なる量の測定なので、上位二割の人にできたことが残り八割の人にできないという理屈は成り立たない。したがって、この上位二割の平均値こそ、全員が目指すべき達成可能な本当の営業件数と言っても良い。

ここからが、営業改革の真骨頂だが、単に正式な営業件数を設定し、その件数を追わせるという結果管理だけを行なってはならない。肝心なことは、上位二割の創意工夫を徹底分析することなのだ。実は、営業量の分析とは数値の分析だけではない。その数値を達成するための手順、つまり〝創意工夫〟の分析も含まれる。但し、この創意工夫を誰もが真似をすることができない〝特殊〟性のある工夫と誰もが真似をすることができる〝汎用〟性のある工夫に分類し、汎用性のある工夫を徹底教育することが前提となる。

「エリア格差を設定してはならない」ということについてその真意を加えておく。「よほどの特殊な事情」とは、三か月の営業件数実績が見事にエリアの顧客密度順に並んでいる場合などが該当するが、ほとんどそのような現象は起こらない。過密エリアの営業マンが下位に入り、中堅エリアの営業マンが上位に入る、という入り繰りが必ず起こる。したがって、営業マンたちのそれぞれの事情による〝言い訳〟に聴く耳を持たないことだ。

なぜなら、そもそも業績低迷は、営業マンたちの〝言い訳〟を容認してきた積み重ねに起因していることがほとんどだからだ。マネジメントの責任とも言える。その代表例が、「忙しくてこれ以上回ることはできません」、「営業知識が不足している人はそれほどいません」、「部下に個別に助言したり同行したりする暇はありません」ということなのだが、営業コンサルティングに入った当初、どこの会社でも必ず聴くセリフである。そして、改革に成功する会社は、必ず営業量、営業知識量、チームワーク量が劇的に増加する。つまり、やればできるのである。

チームワーク量を倍増させる方法

次に、チームワーク量の倍増方法に移る。

❶営業マネジャーによる助言件数、同行件数のどちらもきっちりとカウントしている営業

部はほぼないと考えて良いので、実際には二倍の設定ではなく、営業マネジャーの助言件数、同行件数の日次平均目標（正式な目標は❷で設定するので、ここでは営業マンの営業量を参考にした仮数字で良い）を設定し、三か月間のデータをとる。

❷三か月間の日次平均データを助言件数順、同行件数順にそれぞれ並べ、各上位二十パーセントの平均値を出す。それらを正式な助言件数目標、同行件数目標として、全マネジャーに課する。

❸よほどの特殊な事情がない限り、エリア格差を設定してはならない。

チームワークの数値化という発想すら考えたことがない人がほとんどだと思うが、営業量が個人活動のバロメータだとすると、チームワーク量は営業マネジャーの〝取りこぼし防止〟のバロメータと言える。

営業マンがせっかく脈有り案件を見つけてきたにもかかわらず、実力不足の営業マンに任せっ切りにするということは、営業マネジャーの無為無策によって、成約できる案件を取りこぼしたことになるのだ。脈有り案件と営業マンとの能力関係を天秤に掛けて、営業マンの能力では難しいと判断したら、営業マネジャーが同行、少なくても助言を与える仕事以上に大切な仕事が営業マネジャーに果たしてあるのだろうか?

ところが、実際の営業マネジャーの優先順位は、社内の会議であったり、古い付き合いの顧客訪問であったり、ホワイトボードに行き先も書かない外出だったりするのだ。

チームワークとは、みんなで円陣を組むことでも、たまに飲みに行くことでも、仲良くすることでもない。営業における本当のチームワークは、能力ある者が能力ない者のサポートをすることであり、具体的には、営業マネジャーが部下の案件に対して、助言や同行を行なうことなのである。

なお、部下一人平均の助言目標、同行目標を下回らなければ、部下の能力に合わせて、助言と同行の量を多くしたり、少なくしたりすることは必要だ。営業マネジャーの助言、同行を必要としない実力の持ち主に対しては、その部下に任せ、その空いた時間を能力不足の部下に集中的にシフトすることによって、取りこぼし件数がより少なくなる。ここは、営業マネジャーの采配の見せ所となる。

営業知識量を倍増させる方法

さて、営業知識量を決めるための現状分析は、営業量やチームワーク量のようにはいかない。営業知識量を推量するための準備に時間が掛かるからだ。68頁で書いた通り、知識を大別すると、自社情報、他社情報、業界情報、自己経験、他人経験、営業技術、一般教養と七つある。最も良い方法としては、商談進捗のために必要な七つの知識（一般教養を盛り込むのは難しいが）を整理した営業マニュアル（営業バイブル）をテキストとした知識テストの結果を現状分析結果とし、それを基準に、二倍の知識量を設定し、それに相当するテストを行なうということを繰り返すことで知識量を確かなものにしていくという方法がある。

しかし、ほとんどの会社では、営業マニュアルすら準備していない。したがって、まずは、営業マニュアルを作ることからお奨めする。しかし、営業マニュアルは早くても三か月から半年は掛かる。その間は、それに代用するものとして、商品パンフレット、チラシ、共有の企画書、想定問答集、ホームページ等々の〝いまある〟ものをテキスト代わりにして、テストを行ない、営業知識量の絶対値を出すべきであろう。

倍増計画の三つの柱のうち、営業知識量の取り組みが最も苦労する。仕入れるべき営業知識のテキストがマニュアルとしてまとめられておらず、パンフレットなどを代用しなければならないからだ。それだけ、知識が軽視されていたことの証明でもある。「お客様のところに行けば何とかなる」という安易な考え方が生んだ悲劇と言える。

以上のように、営業改革の準備事項は、私たちが忘れかけていた、より多く回り、より多くの知識を駆使し、よりみんなで助け合う、という営業の基本中の基本を見つめ直すことから始めることになる。

営業会議を整理整頓する

営業会議は本当に時間喰い虫だ。業績低迷の会社に共通する「見た目でわかること」は、午前中デスクワークしている営業マンが多いことと、営業会議が多く、長いことだ。

どちらも、時間を無駄遣いしているものであるにもかかわらず、当事者たちは必要な仕事

図4 営業会議モデル例

会議名	所要時間(分)		開催サイクル	参加者
	／回	／月		
営業部全体会議	120	120	月1回	部全員
営業課会議	90	360	週1回	課全員
チーム会議	90	360	週1回	チーム全員
チーム朝礼	15	330	毎日(週5回)	チーム全員
		1,170		

をしているつもりになっている。

しかし、営業はお客様と商談してはじめて売り上げを生むという原理原則に立ち返るなら、できる限り営業時間を増やすために営業量を倍増することから始めることが肝要だということは、既に強く指摘したところだ。

まず、営業会議の現状分析を行ってほしい。すべての営業会議を書き並べ、それぞれの所要時間を計算するのだ。例えば、**図4**をご覧いただきたい。これは、ある会社の営業会議時間をわかりやすく一覧表にしたものだ。営業が百名以上のある程度の規模を持つ営業組織の標準的なものだと思う。営業マネジャーたちは意外にも会議好きな人が多い。営業という仕事が、外に出たら一人で行なう仕事なので、会議が唯一のマネジメントツールの役割をしているのではないかと思うほど、会議に頼っている。

図4を見ると、ひと月の会議総時間は千百七十分、約二十時間だ。一日の仕事時間を八時間、ひと月の仕事日を二十二日で計算すると、ひと月の仕事時間は一万五百六十分となる。その結果、仕事時間に占める会議割合は、約十一パーセントということがわかる。

既に述べた通り、営業会議の大半は、業績向上に役立たない結果的怠慢時間である。前からの慣習で会議をしているところがほとんどと言って良い。つまり、最大約十一パーセントの無駄をしていると見做すこともできるのだ。

みなさんの営業チームの目標達成率が八十九パーセント~百パーセント未満であったなら、営業会議の時間を営業時間に回していたら計算上は達成していたことになる。実際に、会議総時間を五パーセント削ると目標達成率が五パーセント前後向上するのは何度も経験してきた。

ここは大切なところなので、もう少し細かく検討してみよう。

まず、会議を開く目的を明確にしているだろうか。会議の主な目的は、三つある。結果追い込み、情報共有、営業スキル向上だ。

結果追い込みは、足を引っ張っているチームや個人に対して迷惑をかけているという自覚を植え付けるという意味においては、それなりに意義は認められるが、実際に効果があるなら業績低迷が続くことはないと考えるべきだ。つまり、業績低迷が続いているのであれば、結果追い込みの効果は薄く、逆に、モチベーション・ダウンすら引き起こしている可能性があるのではないかと冷静に分析すべきであろう。また、貢献しているチームや個人にとっては、全く無駄な時間だ。

情報共有は、人間社会の営みの中では、定期的に顔を合わせて、同じ情報を共有している一体感を充たすツールとして必要なものだろう。特に、営業は営業進捗や営業見通しという数字を共有していることは大切だ。マネジメント関連の本などで、月に一度、支社長会議や店長会議のために経費を使って一堂に会することの意義があるのか、ないのか、ということが書かれているが、人の交流はネットではまだまだ代用できないので、経費が確保できるのであれば、必要なものだと考える。

営業スキル向上は、営業会議の中での成功例や失敗例の報告がその代表的なものだが、他人の成功例や失敗例の報告から学べる人は、既に成績が良いはずだ。私は、営業部に根強い「会議中の他人報告から学び取れ！」という発想は、幻想であるということを強く主張したい。他人報告から学び取れないから、営業スキルが向上せず、営業成績も伸びないという現実を直視してほしいとかねがね思っている。

営業スキルを向上させたいのであれば、上司の同行、上司の助言を一対一で行ない、他人報告ではなく、自分の目の前の案件という実感の中で学ぶ機会を増やすことが最も効果がある。会議によって全員の大切な営業時間を奪うのではなく、業績向上が必要な部下とその上司が、可能な限り日次でいま動いている案件について、対策を練り、つまり、上司が助言し、必要とあれば、上司が同行し、上司が商談することで部下は学ぶことができるのである。それが本当の〝他者経験〟を身に付ける基本なのだ。

以上のように考えると、会議で行なうことは少ない。取り敢えずは、自分の会社の会議総時間を**図4**を参考にして計算して、ひと月の仕事時間に占める割合を確かめてほしい。

営業コンサルタントとしてのアドバイスを言うと、三〜五パーセントに会議総時間を抑えることが目安である。

業績低迷から何とか脱したいけど、どうしても、会議時間を削る効果が信じられない会社は、三か月ほど会議の時間をすべて営業時間に回す営業チームを複数作り、実験をしてほしい。会議時間を削ることで業績が更に低迷するということはない、ということが実感できるだろう。それどころか、営業時間を増やした分、さっそく業績向上の兆しが見える会社が出てくるのではないだろうか。

L=P+Qが商談能力を伸ばす

会議について、付け加えることがある。三〜五パーセントの会議時間の中に、アクションラーニングを取り入れることをお奨めする。アクションラーニングとは、英国の物理学者であるレジナルド・レバンス教授が、「実践的な問題・課題解決能力、いわゆるソリューション能力は、知識を覚え込むだけでは不十分。チームで検討を重ねるプロセスを経験することでソリューション能力が身に付く」と提唱したものである。

ヨーロッパを中心に一九九〇年代から急速に広まり、この学習法を取り入れる企業が多いそうだが、日本ではあまり普及しないどころか、知られてもいない。

理論は、「L＝P＋Q」というもので、Lは、Learning＝学習、Pは、Programming or

programmed knowledge with simulations＝プログラムされた知識、Qは、Questioning to create insight into what people see, hear or feel＝洞察力を伴う質問をする能力、という意味である。

この理論は、特に営業を対象にした学習法ではないが、私は、この理論こそ訴求力が必要な商談能力の向上に有益だと考え早くから注目しており、営業コンサルティングでも取り入れている。

アクションラーニングの進め方は次の通りとなる。

❶いま商談を進展させたい案件をひとつ取り上げ、その現状を全員で共有認識する。
❷商談を進展させるためにネックとなっている問題点や課題点を分析する。
❸問題点や課題点を引き出す原因を注意深く特定する。
❹その原因に対処するソリューション（解決策）を策定する。
❺実際に商談する。
❻商談した結果をチームで検証する。

商談がなかなか進展しない営業マンに不足しているのは、知識もそうだが、その知識を駆使してソリューションを策定する洞察力なのだ。洞察力とは、頭の回転だ。頭がぐるぐる回転する人は、何がポイントかを見つける力が鋭く、適切なソリューションを導き、クロージングに直結させることができるのだが、その回転している他人の頭の中を覗く仕組みが、このアクションラーニングと考えればわかりやすいかもしれない。

このアクションラーニングを会議時間に週一回三十分取り組んだとして、仕事総時間の約一パーセントに過ぎない。無駄な習慣的な議題をただ消化するだけの会議に時間を割くよりも、よほど有意義な時間だと考えたい。

営業日報の取捨選択を決断する

営業日報について現状分析してほしいことが、五点ある。

❶営業マネジャーは必ず毎日すべての営業日報に目を通しているか
❷営業マネジャーは必ず毎日部下一人ひとりに営業日報の内容を題材にしてアドバイスをしているか
❸部下全員、必ず毎日営業日報を提出しているか
❹部下全員、営業日報を書き上げる時間が必ず三十分以内か
❺営業日報のデータ分析が、営業戦略や戦術策定に活用されているか

これら五つのことがすべてできていない限り、営業日報は廃止し、営業マネジャーによる部下に対する一対一の日次ヒアリングに集中したほうが良い。営業日報に目を通さない、アドバイスもしない、部下も部下で提出しない人がいる、日報を書くのに時間が掛かり過ぎる、そして、日報のデータを分析・活用しない、というのであれば、それこそ営業日報に費やしている時間は、結果的怠慢時間以外の何ものでもない。こういうのを本物の〝ペーパー管理〟という。営業マネジャーは、営業日報を提出させることで管理しているつもりになっており、営業マンは、営業日報を書くことで営業マンとしての義務を果たしているつもりに

なっているのだ。

私は営業日報廃止論者ではない。適切に活用されているなら営業日報は必要だと考えている。〝ペーパー管理〟の手段になっているだけなら必要ない、と言っているだけなのだ。

なお、営業日報は、紙媒体のことだけを指しているのではない。日本においては、ＳＦＡという高価な営業システムを営業日報代わりに使っている会社が多い。ＳＦＡは、営業力オートメーションシステムとして一九九〇年代に米国で盛んになり、一九九〇年代後半から日本でも導入されるようになってきた。

実は、米国のシーベルシステムズ（現在はオラクルに買収され、ＣＲＭの部門として引き継がれている）がＳＦＡを販売している頃からＳＦＡについて興味を懐き、可能な範囲で研究していた。一九九〇年代半ばから後半あたりの頃だったと記憶している。当時は、営業効果の最大化を図るためのＩＴシステムとして、世界的に注目されていた。現在は、セールスフォースドットコムのＳＦＡが有名だが、当時は、ＳＦＡと言えばシーベルだった。

その後、日本でもＳＦＡが導入されるようになったのだが、日本ではどこでどう間違えたのか、営業効果の最大化ではなく、営業日報の電子版として普及するようになったのである。

ＳＦＡのアウトプット情報を元に、営業戦略や営業戦術を考えるべきシステムが、単なるインプットツールとして使われ出したのだ。ＳＦＡを販売する会社の努力もあり、多少は本来の目的に沿ったシステムとして一部普及しているが、まだまだ営業日報の電子版がＳＦＡなのだ。

実際に、営業マンたちは、ＳＦＡをどれだけ使いこなしているだろうか。営業効果の最大化に役立てているだろうか。社内でヒアリングしてみたらいかがだろう。

インプットツールとしての扱いで、しかも、営業日報の五つのポイントで挙げたように、何ら活用されていないとすれば、膨大な無駄な時間と投資が行なわれていると言わざるを得ない（ＣＲＭとして顧客管理システムとして重宝しているのであれば、まだ救われるが）。

営業という仕事は、とても科学的な仕事だと私は考えている。ＳＦＡのアウトプット情報をフル活用し、営業改革の三本柱に関連する自己分析を正確に行なえば、相当レベルの高い営業ができるのは間違いない。ところが、ここに最大の矛盾点があるのだ。

営業成績が悪い営業マンは、自己分析が苦手故に同じ営業スタイルを修正することができず業績が向上しない、という矛盾点だ。

言い替えれば、営業日報にせよ、SFAにせよ、それぞれのアウトプット情報を自力で活用できるのは、営業成績が良い営業マンだけなので、全体レベルの底上げにはならないのが現実なのだ。それどころか、記入や入力に費やす時間が結果的怠慢時間となり、間接的に営業時間を奪う役割を担ってしまっているという皮肉な現象を引き起こしている。

長年の営業コンサルタントとしての経験から導き出される結論は、業績の悪い営業マンには、営業マネジャーが修正すべき部分を分析してあげて、アナログ的に、人から人へ、アドバイスやトレーニングをし続けることが、最も効果的な営業力向上策だということである。

部下全員と一対一で面談をする

織田信長が、部下のマネジメントに茶の湯を利用したことは有名である。茶の湯は、三畳から四畳半ほどの狭い部屋で嗜《たしな》むことが多く、一対一で密談するにはもってこいの道具だったのだろう（戦国時代なので小姓は必ず近くにいただろうが）。

一対一で顔を合わせて話をすることで、人と人の信頼感が高まり、仲間意識も向上し、何と言っても〝ここだけの話〟をすることにより、お互いの連帯感は増す。また、上役が一対一で会ってくれたという感慨も溢れたことだろう。

営業改革を天下統一の一大事と比較するわけにはいかないのだろうが、いままでの営業スタイルが根底から変わる営業改革は、営業マン本人たちにとっては、それこそ一大事なのだ。織田信長のように、一対一で面談をするマネジメントスタイルは、営業改革を推進するにあたり、実は、目に見えない貢献をする。

ある法人営業の会社における一例。


「○○くん、今月の営業成績はどうだね」と□□営業部長が尋ねる。

「□□部長、本当に申し訳ございません。今月も目標には遥かに届きません」と営業マンの○○が答える。

「今日はね、実は、営業改革についての話をしたくて、○○くんを呼んだんだ。起死回生を狙った営業改革の取り組み内容がかなり不評だと耳にしてね。そこで、営業マンたちのホンネの話を聞こうと思い、このように一対一の面談をしようと思ったんだ。口外しないことを約束するので、○○くんのホンネを聞かせてもらえないかね」

「ほ、ほんとうに、ホンネで申し上げてもよろしいのでしょうか？」

「もちろん」

「そ、それでは、素直なところを申し上げます。営業量を二倍にするという改革案は、とても無理な机上の空論だとほとんどの営業マンが口々に言ってます。私もそう思います」

「○○くんは、何件が何件になるんだね」

「一日二件が、四件になります」

「ほう、四件になるとどこが難しくなるのかな」

「いままでは、午前中はメールや企画書作りで忙しく、午後に二件の商談をこなして会社に戻ると、いつも五時前後になります。それから、営業日報の入力を行なったり、明日の準備などをすると一日がすぐに終わってしまいます。どこにも無駄な時間はありませんので、この中にあと二件の商談を増やすとなると、企画書作りや日報入力もさらに時間が掛かりそうなので、とても処理できないと思います。他の営業マンたちもみんな同じことを言ってます」

「しかし、いまの営業件数のままでは、業績回復は無理だと思うのだが、○○くんはどう思う？」

「一件一件の商談内容のレベルを引き上げるために勉強会を自主的に開いたりして頑張ろうと同僚たちと話し合っています」

「勉強会を開けば、商談内容のレベルが引き上がるのは、どうしてかな？」

「それは……、みんなが言うものですから」

「○○くんは、みんなが言うことは理解できなくても賛同し、会社が言うことは理解できない限り賛同しない、ということに対して、どこか変に感じないかな？」

「勉強会のほうは、上手く説明できませんが自分で納得できたのです。ところが営業量を二倍という具合に量にこだわる方針がどうしても理解できないのです。私だけではなく、ほとんどの営業マンが、量よりも質を重視すべきだと言っています」

「○○くんは、よく『ほとんどの営業マンが』という言い方をするが、そのほとんどの営業マンに考えてもらった営業改革が大失敗に終わったので、今回は、外部の営業コンサルタントにもご協力いただいて、いままでと全く違う営業改革案ができ上がったことは、どう思うのかな？」

「確かに、そうなのですが……、私たちの現場を知らない外部の人なので、営業量の二倍という無茶な目標になったのだと考えている営業マンがほとんどです」

「また、『ほとんどの営業マンが』という言葉を使ったね。それはいいとして、まだ新営業改革が始まって二週間ほどしか経っていないが、全体の約一割の営業マンが、既に二倍以上のペースで商談を増やしている事実をどのように考えるのかな？　しかも、その営業マンたちの平均商談件数は、約五件となっており、○○くんの四件以上のハイペースなのだが」

「それは……、何かを犠牲にしているのだと思います。□□部長、本当にどのような話をしても、怒られないのでしょうか？」

「もちろんだ。みな業績回復を願っているのだから」

「約一割の営業マンが二倍以上ということは、約九割の営業マンが二倍未満ということになります。それだけ難しいということではないでしょうか。一部の口の悪い営業マンの中には、『二倍以上の商談をしている営業マンは、評価を得たいがために無理をしている』と言っている人もいます」

「だいぶ核心を突いてきたみたいだな。どのような無理をすれば二倍以上になるのだろうと

○○くんは興味が湧かないのかね？　つまり、無理かどうかは言葉のあやで、実際に二倍以上、しかも○○くんの目標よりも多い五件の商談を行なっている営業マンが出てきているという事実のほうが重要だと私は睨んでいるんだ。その一割の営業マンたちは、どこをどう工夫して二倍にしたのか、その部分を分析して、全員が真似るべきだと思うのだが、私の言っていることは間違っているかな？」

「そのように考えることも正しいと思うのですが……」

営業日報のところでも書いたが、人は理論通りに動かすことができない。理論通りに動くことができるのは、その理論レベルに見合った能力に恵まれた一部の人だけだ。この原理原則を組織はつねに忘れる。組織の大半を支える人々は、理解できないこと、納得できないことはやりたくないのだ。それを理解、納得させることはなかなか難しい。なぜなら、高度な能力が必要となるからだ。

したがって、理解、納得ではなく、「まずやる」という〝説得〟が必要となる。例に出した部長と営業マンのやり取りは、この後も可能な限り時間を掛けて説得することが大切となる。○○くんは、営業コンサルティング現場で出会う典型的な思考の持ち主だ。しかし、彼らを説得しない限り、営業改革は絵に描いた餅になりかねない。低迷する業績を回復するのは、それこそ一大事業なのだ。○○くんのような営業マンを一人ずつ、説得していく作業を敬遠して営業改革はなかなか上手くいかない。

一対一の面談による説得は、理屈抜きに重要なことだという認識がほしい。会議のような場で、それこそ一対多の説得は全く意味がない。みな当事者意識に欠けて、会議が終われば、元の木阿弥になるのがオチだ。幾度となく営業改革にチャレンジして、失敗続きの会社は、それこそ、この一対一の説得の必要性が理解できなくても、取り組んでもらいたい。

スーパー営業トレーナーを選出する

営業結果は、営業量と営業能力に左右されるということを既に書いたが、この二本柱には決定的な違いがある。営業量は、明日から変化させることが可能だが、営業能力は、それができないということだ。営業能力を支える知識は、範囲が広過ぎて一夜漬けで覚えられるものではない。また、知識の中でも重要なウェイトを占める経験は、文字通り経験を蓄積するための時間が必要になる。

営業改革の三つの基本軸のひとつに営業知識量があったことを覚えているだろうか。これは、どうしても時間を掛けざるを得ない。時間を掛けるということは、必ず落とし穴が待っている。それは、営業知識量に対する改革策のみ、時間の経緯とともに忘れがちになるという点と、時間が掛かる分、その成果がすぐに目に見える形にならないので、その成果を疑い、営業知識量に対する取り組みがおざなりになりやすいという点である。

それを裏付ける理論として、「最も影響力のある経営思想家」トップ50に選出されたことがあるジョン・P・コッター・ハーバードビジネススクール名誉教授の言葉を思い出す。「変革が本物になるには時間がかかる。したがって、達成可能な短期目標を設定しておかないと、変革の勢いを失速させかねない。このまま行けば期待通りの成果が得られると確信できる証拠を、一、二年の間に確認できなければ、ほとんどの人が遠い道程を歩き続けようとはしない。短期間で何らかの成果を上げられない場合、多くの人は投げ出したり、抵抗勢力についてしまったりする」(『リーダーシップ論』・ダイヤモンド社)

ここに書かれている通りだ。だからこそ、短期的な成果を求めるために、営業量の取り組みは欠かせないのだ。

さらに、知識教育の継続について別の懸念もある。営業部署が複数箇所に分かれている場合だ。教育の場が、それぞれのオフィス単位になるので、営業マネジャーの知識教育の取り組み姿勢に大きく左右されるからだ。その懸念を解消するためには、マクドナルドがハンバーガー大学を設けて店長候補をしっかりと育てているように、マネジャー研修プログラムをかなり充実させなければならないが、そこまで準備するとなると、営業改革の時間軸と合わない。営業改革の時間軸は、一年から三年で目途を付けたいということになるのが一般的だ。しかし、マネジャー教育を充実させて、そのマネジャー教育で水準以上だった人をマネジャーにして、どの営業マネジャー単位でも同一レベルの教育ができるようになる、という手続きを取るとなると、どうしても三年から五年以上掛かってしまう。

以上のことを考えると、スーパー営業トレーナーを少なくとも一、二名選出し、業績回復の遅い部署から、一週間から数週間単位で、出張教育を行なう、という仕組みを準備することが重要となる。

営業量を大幅に奪うことなく知識レベルを向上させなければならないので、その時間配分は慎重に配慮しなければならないが、集中的に教育する必然性があることを前提にすれば、残業も視野にいれなければならないだろう。

営業は、知識不足でも契約に至ることは良くあるので、どうしても営業マンは、知識はある程度覚えれば、それ以上はあまり覚えなくても大丈夫という感覚の人が多い。知識不足による取りこぼしの実感を得にくいので仕方ない部分もあるが、徹底した知識教育をしているかどうかというのは、営業改革に取り組んで二、三年目に入ったころぐらいから大きく影響してくるものなので、是非とも、その重要性を感じ取ってほしい。

プレイングマネジャー制を廃止する

個人目標を持ちながら、部署目標も追い掛けるマネジャーのことをプレイングマネジャーという。個人目標がなく、部署目標のみを追い掛けるマネジャーのことは、専任マネジャーという。

営業マネジャーをプレイングにするか専任にするかというのは、営業部にとっては、シェイクスピアのハムレット並みに悩める問題だ。営業コンサルタントとしての経験則で言えば、プレイングマネジャー制にしている会社が七割以上はあるという実感だ。

営業マネジャーという立場にさせても個人目標を追わせる理由は、一般的に営業成績の良い人が営業マネジャーになる場合が多いので、その人の個人目標をゼロにしてしまうと、単純にその分の売り上げが減少してしまうという恐怖観念が起こってしまうからだ。

例えば、五名の部下の個人目標が八件ずつのところに営業マネジャーの個人目標十件を上乗せすれば、合計五十件がチーム目標になるというように考えてしまう。

これは、一見正しい考え方のように見えてしまうが、大いなる誤解である。実際には、その逆で、個人目標十件は確保されるかもしれないが、部下の計四十件の達成が難しくなってしまうからだ。特に、業績低迷に喘いでいる会社は、その可能性が高くなる。その理由は簡単だ。営業マネジャーが一営業マンとして動き回れば、営業マネジャーとしての役割を果たす時間がなくなるからだ。営業マネジャーとは名ばかりで、実質、営業マネジャー不在の営業チームになってしまう。これは、相当危険な状態だ。業績低迷の会社ほど、プレイングマネジャー制の廃止に早く踏ん切りをつけていただきたい。

では、専任マネジャーにした場合、チーム目標軒数はどうなるのかということが、最大の関心事になるだろう。結論としては、五十件目標を変える必要はない。部下の個人目標を二件ずつ上乗せして、十件にすれば良い。「部下は、一人八件すら達成しないのに、それを十件に増やすのは、それこそ単なる数字合わせで、現実味がないのでは？」という声が聞こえてきそうだが、私の経験からは、この方法のほうが目標達成はしやすくなる。

ここで思い出してほしいのが、チームワークという概念だ。営業改革を失敗させないためには、コペルニクス的な発想の転換が必要になってくる。それは、「営業は〝個人で行なうもの〟ではなく、〝チームで行なうもの〟への発想の転換」である。「YES, I CAN」ではなく、「YES, WE CAN」なのだ。だからこそ、チームワーク量が営業改革の三つの基本軸のひとつとして重要な役割を果たすことになるのだ。

専任マネジャー制は、営業マネジャーが自分の目標を追い掛けるために時間を費やさなくても良くなるので、そのすべての時間を部下の目標を追い掛けるために費やすことができるようになる。こうすることによって、営業マネジャーの同行が可能となり、同行できない部

図5 専任マネジャーのスケジュールモデル例

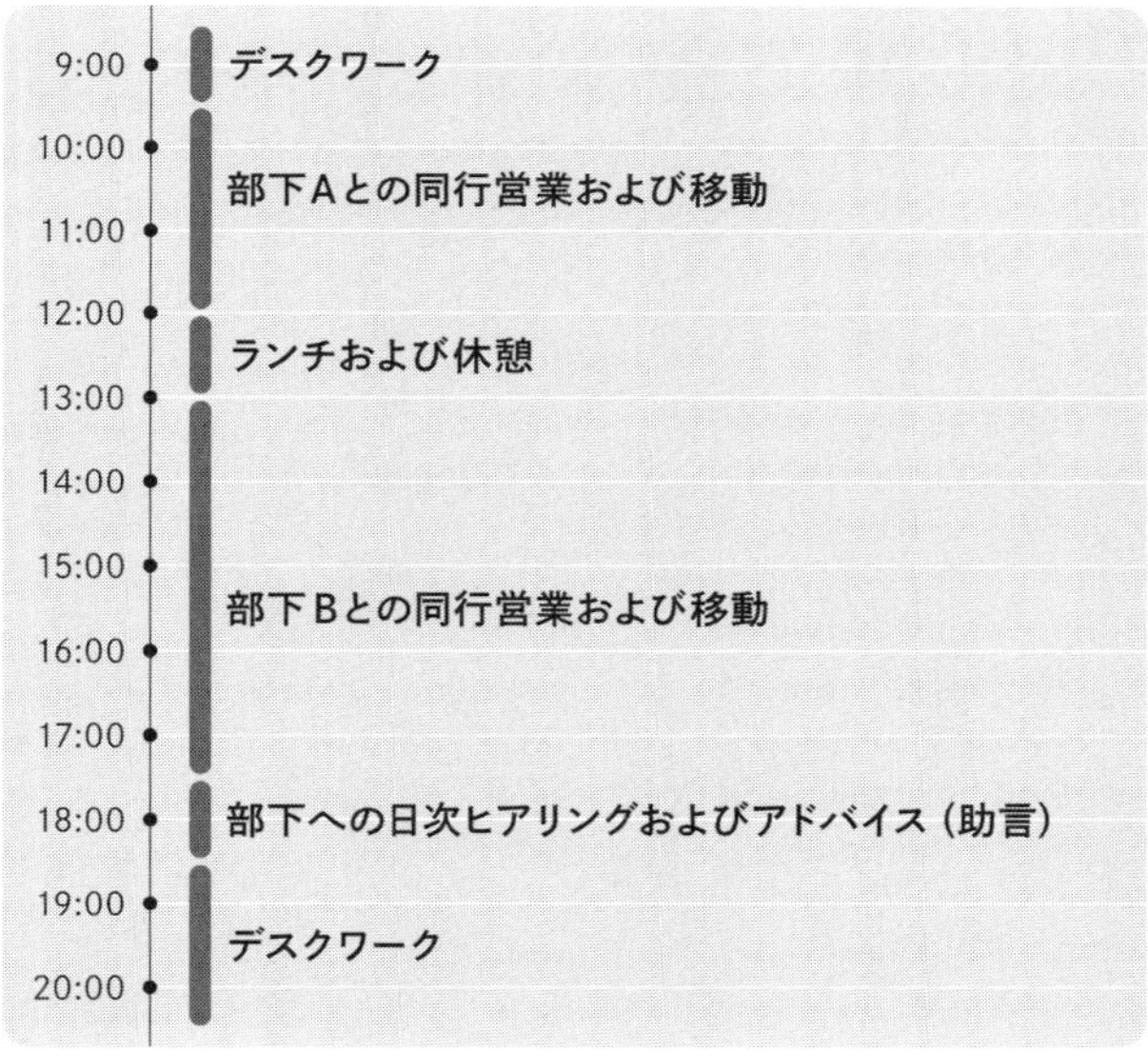

下に対する事前の助言も可能となるのだ。

言葉だけではイメージが付きにくい人もいるだろうから、**図5**の専任マネジャーのスケジュールモデル例を見ていただきたい。専任マネジャー制にしても、プレイングマネジャーと同じように、一日中現場を回っていることが良くわかるのではないだろうか。しかも、チームワーク量を物凄くこなしている。部下の営業能力だけだったら八件の目標すら覚束なかったのが、営業マネジャーがこれだけ同行営業と助言を繰り返せば、能力以上の十件という結果が出てもおかしくないということがイメージできる。

学習する組織になる

また、営業組織における人材育成の観点からも、同行営業や助言に勝る手法はない。「商談を手伝ったら甘えてしまって、本当の営業能力が付かない」という幻想をいまだに信じている多くの人に次のメッセージを強く言いたい。

「人は、決して突然言葉を喋れるようになるのではない。何年も掛けて他人が喋っているのを模倣できるようになり、はじめて喋ることができるようになる。仕事も言葉と同じだ。営業以外の職場は先輩たちの仕事手法を毎日見ながら働いているのでいつの間にか模倣できるようになり、徐々に能力を身に付けている。ところが、営業は先輩たちの商談現場を模倣することができない。これは、人材育成という観点からは、大変なハンディなのだ」と。

では、営業マネジャーの同行営業や助言が、なぜ人材育成手法として推奨されるべき方法なのか。

この答えを導き出すために、北海道大学の松尾睦《まこと》教授著の『経験からの学習』（同文館出版）を参照してみよう。序章が次の文章から始まっている。

「アインシュタインの言葉が示すように、人は直接的な経験を通して成長する。これまでの研究によれば、成人の能力開発の70％以上は経験によって説明することができるという（McCall et al., 1988; Morrison and Brantner, 1992; Morrison and Hoch, 1986）。つまり、良質な経験を積ませることが、優れた人材を育成する鍵となる（金井・古野、2001：守島、2002）」

私は常々、営業コンサルタントの仕事を通して、このことを実感している。「人は良質な経験を積むことで優れた人材として成長する」ということを。営業マネジャーの商談現場を見せ続けるということが、考えられ得るベストな良質経験なのだ。

繰り返すが、知識も経験も不足している部下に対して、「現場で一人で営業を覚えてこい」というのは、あまりにも乱暴なマネジメントであり、実りのない人材育成法だ。成長途上の未熟な営業マンが、いくら考えながら営業現場を経験しても、良質な経験を積み上げることはできない。その結果、成長が鈍化する。

営業改革に成功したいなら、学習する組織になるべきなのだ。

エピローグ

改革は なぜ必要なのか

営業改革はレボリューション

You say you want a revolution.　革命が必要だと君は言う
Well, you know.　そうだね
We all want to change the world.　私たちはみな変えたがってるんだ
You tell me that it's evolution.　革命は進化だと君は言う
Well, you know.　そうだね
We all want to change the world.　私たちはみな変えたがってるんだ

これは、ビートルズが歌う『レボリューション』の出だしの歌詞だ。ジョンレノンの勇ましい声が、いまにも聞こえてくるようだ。

私が営業コンサルティング会社を起業し、すぐに出版した処女作が、『御社の営業がダメな理由』（新潮新書）だった。予想を遥かに超える反響があり、大ヒットした。誰もが営業

をもっと良くすることを望んでいたことを痛切に感じた。いろいろなことを試みてもなかなか業績が向上しない会社の経営者や、どうしたら営業力を磨くことができるのかわからない営業マンたちが縋《すが》るような思いで手に取ったのだ。

私は、起業してから、営業コンサルティングのお声を掛けていただき、ご縁があった会社の営業改革のお手伝いをしてきた。会社によって、営業スタイルや営業に対する考え方が違うということを実感した。いろいろな営業マンたちとも知り合った。どの会社も業績向上への思いは純粋だった。どの営業マンも営業力向上への思いは真剣だった。

そのようにして始めた営業コンサルタントとしての経験が相当蓄積されるまでになった。そして、確かなことがわかった。

それは、営業改革とは、まさしくレボリューション（革命）のようなものなのかもしれない、ということだ。

なぜなら、成功する営業改革に共通することは、当事者である会社にとって、あるいは営業マンたちにとって、まるでレボリューションを強いられるような、いままでの常識を覆す内容に感じられてしまうからだ。

しかし、ほとんどの営業改革は失敗に終わってしまう。第一章の冒頭で書いた通り、保守的な自分、保守的な組織力学に負けてしまうからだ。つまり、レボリューションのように感じられるほどの具体策をやり切ることができず、途中で頓挫してしまうからだ。いや、そのような改革の具体策が策定されるだけ、まだましかもしれない。失敗するほとんどは、業績低迷という実態を作り出した根源である〝いま〟の営業方法から抜け出す大胆な具体策すら打てず、自分たちの〝営業とはかくあるべき〟という常識すら捨て去ることができないのだ。

そこには、本文で指摘した通り、成功体験のプライド、保守病、自分のモノサシの長さへの固執、営業現場経験第一主義、定石軽視の風潮、営業量倍増への抵抗、個性重視、マニュアル軽視、結果管理第一主義、等々を捨てられない自分との戦いに負けてしまった営業関係者たちが存在する。誰もが業績低迷から抜け出したいと本気で取り組むのだが、それでは何も変わらない結果しか待っていない。

その原因は、ほとんどの会社が、ほとんどの営業マンが、営業という仕事を間違えて捉えているからだ。営業の〝定石〟をわかっていないからだ。例えば、営業の腕を買われて転職した人が、前職のような営業実績を残せなくて喘いでいる営業マンが数多くいることをみてもわかる。本物の〝定石〟を身に付けていれば、どのように環境が変わっても対応できるはずだ。つまり本物の営業力が養われていないということになる。

しかし、ここで考えなくてはならないことは、誰も悪くないということだ。

それほど、営業という仕事は未成熟な分野だと言える。営業学という学問がないこともそうだが、営業の根本を形作る〝定石〟が一定していないことが大きな理由だろう。

また、営業マネジャーの選び方にも問題がある。営業部門は、他の仕事と違って、数字結果で評価しやすい。その分、成績の良い人の上に、成績の悪い人を営業マネジャーとして抜擢することは、たとえマネジメント能力が優秀だとわかっていても難しい。営業能力に比べて、明確な数字結果で判断できないマネジメント能力は軽視されがちになるからだ。喩えが適切ではないかもしれないが、試合で勝ったことがない柔道家に誰も教えてほしくないのと同じだ。

これが、他部門だと、仕事能力が抽象的な評価（ええかげんなえこひいきも含めて）で判断されやすいので、相対的にマネジメント能力は比較的重要な要素となる。仕事能力が中途半端でもマネジメント能力が優秀であれば、いろいろと言い訳を付けてマネジャーに抜擢しても、それなりに収まりやすいのである。

本来、マネジメント能力と営業能力は別物であるにもかかわらず、成績が良い営業マンを無条件に営業マネジャーにしてしまう。いや、せざるを得ない。成績が良い営業マンが納得しないからだ。それが営業の世界と言える。

そこから営業の悲劇が始まる。その悲劇は二つある。

ひとつは、本文に詳しく書いたがプレイングマネジャーという営業部門独特の管理職を作ってしまったことだ。形の上では、マネジャーが存在するが、実質的にマネジャー不在の組織を作っているだけなのだ。強いて言えば、成績管理をする営業プレーヤーというのがその実態だ。その結果、独力で自分の道を切り開くことができる営業マンか、たまたま与えられた営業先に恵まれている営業マンぐらいしか好成績を残せない事態を招いてしまっている。なぜなら、最も大切な営業進捗のプロセス管理を通して人材育成を行なうことがほとんどないので、普通の営業マンは悩みやストレスばかり増えて、どうすれば良いのかわからないままいたずらに時間ばかり過ぎていくからだ。

もうひとつの悲劇は、マネジャー適性の有無に関係なくマネジャーを選んでしまうので、不適切なマネジメントが横行してしまうケースが多くなりやすいということだ。営業社員の退職率が他部門に比較して高めなのは、その要因も少なからず影響していると言える。

以上のように、マネジメント体制が不安定なところに、営業改革というプロセス管理の本格的なマネジメント力が必要となる施策に立ち向かわなければならないということは、最初から失敗が約束されたようなものとしか言いようがない。

可能性を実現する、それが改革

孫子の言葉に、「知兵者、動而不迷、挙而不窮（兵を知る者は、動いて迷わず、挙げて窮《きゅう》せず）」（地形篇）というものがある。この言葉は、営業改革を推し進めるにあたり、とても強い指針になり得る。

「兵を知る」とは、営業に置き換えると、現状分析（営業状況、営業能力、市場環境等）と実行可能な具体策の準備が万全であることを意味すると私は考える。本書に詳しく書いた現状分析の方法と具体策の策定方法について、もう一度振り返っていただき、自信をもって準備していただきたい。あとは実行あるのみとなるのだが、「動いて迷わず」の通り、万全の準備をすることで迷いはなくなる。営業改革にとって、最もやってはいけないことは、現場の声に左右されて途中で迷ってしまうことなのだ。迷うと必ず元に戻る。そして、「挙げて窮せず」の通り、営業改革が始まっても手詰まりになることはない。営業量倍増、営業知識量倍増、そしてチームワーク量倍増というわかりやすい具体策を基本としているので、あとは、愚直なまでに繰り返しチェックをするだけだからだ。

本書は、営業改革を成功させたいと願う会社や営業マンのために、長年の営業コンサルタント経験で蓄積したノウハウをすべて吐き出した。単なる読書の一環ではなく、何度も読み返すことで、本物の〝定石〟をぜひとも手に入れていただきたい。本書を営業バイブルとして活用していただきたい。但し、本書を読み終えたみなさんの多くは、いままでの営業に対する常識や認識が、ガラガラと音を立てて崩れてしまったのではないだろうか。まるで、営業レボリューションを提起されたような衝撃に見舞われた人もいるだろう。

それが本書の狙いでもある。

本書で提示した処方箋は、実際にいろいろな会社の営業改革を成功させた私にとっては、とても基本的な〝定石〟ばかりなのだが、みなさんにとっては、まさしく〝レボリューション〟に思えたはずだ。

営業改革は必ず実現する。しかし、その成功は、〝いま〟の延長にないことだけは確かなことだ。営業改革を行なうということは、本物の〝定石〟を摑み取ることに等しい。ビートルズの歌詞にもある通り、レボリューションは進化をもたらす。そして、誰もが変えたがっていることを実現するためのエネルギーなのだ。そこに、改革に関わるすべての方々の成長があると私は信じている。

I say you need a eigyo revolution to change the world.

最後に、幾度ものミーティングに付き合っていただいた日本経済新聞出版社の編集部をはじめ、ご協力をいただいた方々に感謝の意を表して本文を締め括りたい。

平成二六年五月

藤本篤志

藤本篤志 ふじもと・あつし

1961年大阪生まれ。大阪市立大学法学部卒。株式会社USEN取締役、株式会社スタッフサービス・ホールディングス取締役を歴任。2005年7月、株式会社グランド・デザインズを設立。代表取締役に就任、現在に至る。営業プレーヤー、営業マネージャーの両面で全社トップの成績を収め続けた経験を活かして、主に営業分野、マネジメント分野におけるコンサルティング活動、講演活動、研修活動などを展開する。また、ベストセラーとなった『御社の営業がダメな理由』、『部下は取り替えても変わらない!』、『社畜のススメ』、『脱二流営業』をはじめ多数のビジネス書を執筆する。

http://eigyorevolution.com/

日経プレミアシリーズ 249

そんな営《えい》業《ぎょう》部《ぶ》ではダメになる

二〇一四年六月　九　日　一刷
二〇一四年六月二十六日　二刷

著者　藤本篤志
発行者　斎藤修一
発行所　日本経済新聞出版社
http://www.nikkeibook.com/
東京都千代田区大手町一―三―七　〒一〇〇―八〇六六
電話（〇三）三二七〇―〇二五一（代）

装幀　ベターデイズ
印刷・製本　凸版印刷株式会社

ISBN 978-4-532-26249-5　Printed in Japan

日経プレミアシリーズ166

選ばれる営業、捨てられる営業

勝見明

データばかり見て現場を見ない、「客の客」にまで目が届かない、社内情報不足で顧客ニーズに応えられない、やたら接待に誘う――。こんな営業マンとは付き合えません！　各業界の敏腕バイヤー約40人に徹底取材を敢行。そこから浮き彫りになった「選ばれる営業マン」の５つの能力とは？

日経プレミアシリーズ171

会社で不幸になる人、ならない人

本田直之

会社員時代から経営者までの20年間、ビジネス界でいろいろな会社員を見てきた、累計２００万部のベストセラー著者が、不幸になる会社員の共通点に気づいた。私たちがついつい陥りがちな常識の勘違いを解説するとともに、過去型の、管理され、つらさと引き換えの昇進・昇給といった幸せではなく、自由で、楽しく、幸せなライフスタイルで働く会社員への道を伝授する。

日経プレミアシリーズ159

仕事の9割は世間話

高城幸司

単なる無駄話と仕事に活かせる世間話はここが違う。相手の心を開き、本音を探り、信頼関係を築くための話術を、営業のプロが徹底コーチ。場の空気を和らげる話題の選び方、肯定的な状況を作り出す質問術、さりげなく相手をほめる法、本題に持っていくための「仕切り言葉」まで、即役立つテクニック満載。

日経プレミアシリーズ199

社交的な人ほどウソをつく

内藤誼人

ポケットに手を入れる、あなたをじっと見つめる、貧乏ゆすりをする、丁寧すぎる言葉を使う――。人の心は意外なほど外目に現われます。ちょっとした表情や手の動き、身体の姿勢や言動から、相手の本音を見抜き、仕事や人間関係を好転させる心理テクニックを教えます。

日経プレミアシリーズ139

「上から目線」の構造

榎本博明

目上の人を平気で「できていない」と批判する若手社員、駅や飲食店で威張り散らす中高年から、「自分はこんなものではない」と根拠のない自信を持つ若者まで――なぜ「上から」なのか。なぜ「上から」が気になるのか。心理学的な見地から、そのメカニズムを徹底的に解剖する。

日経プレミアシリーズ157

「すみません」の国

榎本博明

実は迷惑なのに「遊びに来てください」と誘う、「それはいいですね」と言いつつ暗に拒否している、ホンネトークと銘打って本当のホンネは話さない……。なぜ日本人はこれほどわかりにくいのか？ 国際社会でも読み取りにくいとされる日本ならではのコミュニケーションの深層構造を心理学者が解剖する。

日経プレミアシリーズ 219

アラフォー男子の憂鬱

常見陽平　おおたとしまさ　編著

ガンダムブーム、受験戦争、ウィンドウズとインターネットの登場、就職氷河期、金融危機……。団塊ジュニアで、ロスジェネでもある最後のマス世代も、いまやアラフォー。大きく変動した社会で、彼らは何を経験し、何を感じたか。そして、これからどこへ向かうのか。さまざまなテーマの「共通体験」をもとに、人気論者4人が自らの世代の「これまで」と「これから」を論じ尽くす。

日経プレミアシリーズ 233

スマホは人気で買うな！

吉本佳生

なぜ、その店ではビール500ml缶が350ml缶より安く売られていたのか？　儲かっているコンビニオーナーのいちばんの心配事は？　どうして学習塾が無料の夏期講習をするのか？――モノの値段やサービス料金、就活、資産運用まで、68のクイズによる面白くってためになる経済学。

日経プレミアシリーズ 240

劣化するシニア社員

見波利幸

あと数年だからと無気力になる、一人分の仕事がこなせず足を引っ張る、職場で茶飲み話、過去の職位をふりかざし大暴走――「定年延長」「再雇用」で増えるシニア社員たちがいま、縦横無尽な振る舞いで多くの職場を翻弄している。数々の現場を知る産業カウンセラーがその実態と原因を分析し、対処法を提示する。

日経プレミアシリーズ185

お役所しごと入門

山田咲道

組織のなかで、減点されずに生き残るには、仕事から逃げ、責任を負わないのが得策です。その見本となるのが「お役所しごと」……。顧客軽視、無責任、コスト意識ゼロの仕事はどうやって発生するのか、どうすれば直せるのか。ダメ社員が増殖していく多くの現場を見てきた会計士が、皮肉をまじえてわかりやすく説きます。

日経プレミアシリーズ236

宇宙飛行士の仕事力

林 公代

数百倍の選抜試験を突破して何年も厳しい訓練に耐え、生命の危険と隣り合わせの宇宙空間で高度な任務をこなす宇宙飛行士。知力はもちろん判断力、リーダーシップ、協調性、忍耐力まで、地球代表スーパーエリートの「仕事力」の伸ばし方を徹底解剖。

日経プレミアシリーズ067

「お辞儀」と「すり足」はなぜ笑われる

内海善雄

日本にいる外国人を見て「みな親切でやさしい」と思ってはいけない。国際社会は戦いの場。自己主張をしないあなたは多くの誤解を受ける。挨拶の仕方から細かいしぐさ、公式の場のマナーまで、「日本人の品格」や「慣習」を持ち込むとなぜ失敗するのかを、具体例から描き出す。

日経プレミアシリーズ 054

会社が嫌いになったら読む本

楠木新

この会社で働き続けていいのか――。自ら「うつ状態」で休職を経験した著者が、「こころの定年」を克服した二百人へのインタビューから見つけたこと。組織に支配された他律的な人生を、ゆっくりと自分のもとに取り返すヒント。

日経プレミアシリーズ 008

人事と出世の方程式

永井　隆

激変するビジネス環境のもと、日本企業の人事政策が大きく動く。グローバル化、女性の社会進出、成果主義……。多くの企業や会社員を取材し、会社の公式見解だけでは分からない「人事の裏側」を徹底ルポ。

日経プレミアシリーズ 034

トップ営業マンを見習うな！

三宅壽雄

圧倒的な努力と頑張り、押しが強く、断られてもめげない、天性とも言えるセンス――。トップ営業マンのノウハウは決して万人のお手本にはなりません。普通の人は普通のやり方で行きましょう。数々の営業マンを指導してきた著者が、それぞれの営業マンにあった、自分を生かす営業力アップの秘訣教えます。

日経プレミアシリーズ135

サボる時間術

理央　周

忙しく働いているのに、結果が出ない。重要な案件が、いつも「やっつけ仕事」になってしまう……。仕事に追われずに、限られた時間で成果を最大化するには、まず「サボる時間」を確保しよう。多くの外資系企業で働いたマーケターが提案する、逆転発想の時間のとらえ方、使い方。

日経プレミアシリーズ174

ひつまぶしとスマホは、同じ原理でできている

理央　周

なぜ売れるのか、何が面白いのか――。すべてのヒントは名古屋にある。ひつまぶし、モーニング・サービス、大人気商店街……。名古屋名物の数々に秘められた「ヒットの法則」から学べば、ライバルに差をつけるユニーク発想の生み出し方がわかる。

日経プレミアシリーズ152

会社人生は「評判」で決まる

相原孝夫

ある企業の無役職の社員について人事部いわく、「あの人は、評価はともかく、評判が……」。組織内における「評判」とは何か、どう作用するのか、高め、維持するにはどうすべきか。多くの企業人事を見てきたコンサルタントが具体例を踏まえ、わかりやすく解説する。

日経プレミアシリーズ 209

税務署は見ている。

飯田真弓

調査対象に「選ばれる」ステップとは、調査官を燃えさせる三つの言葉って何……。長年の実務経験を持つ元国税調査官が、豊富なエピソードとともに税務調査の実態を語る。なかなか知ることのできない、「税務署の仕事」を詳しく紹介。

日経プレミアシリーズ 210

謎だらけの日本語

日本経済新聞社 編

オートバイはタイヤが2つあるのになぜか「単車」、「ご乗車できません」は西日本の方言、存在しない青山一丁目、紅葉を「もみじ」と呼ぶ理由――。一筋縄ではいかない日本語に隠されたドラマを日経新聞の校閲記者が解説する、ちょっと面白い日本語教室。

日経プレミアシリーズ 216

初歩からの世界経済

日本経済新聞社 編

シェールガス革命、米中の「クール・ウォー」、LIBOR問題、中国の隠れ借金――日本経済も、世界の出来事と無縁ではありません。日経新聞の人気連載を大幅加筆のうえ書籍化。現代世界を理解するため「これだけは知っておきたい」論点を、国際部の記者がやさしく解説します。

日経プレミアシリーズ213

中国人の誤解　日本人の誤解

中島　恵

えっ「日本は中国と戦争したがっている」って？　日本を知らない中国人、中国を知らない日本人が、互いの悪印象を増幅させる。「抗日ドラマ」を見ているのは誰か？「愛国教育」の影響力とは？中国現地の多くの人々に本音の話を聞き、日中関係を覆う「不幸の構造」を解き明かす。

日経プレミアシリーズ155

なぜ3人いると噂が広まるのか

増田直紀

職場の人間関係、仕事の能率化、クチコミ、無縁社会、院内感染の防止、金融危機、環境問題、スポーツ選手のランキングなど、様々な事例からネットワークの効用を明らかに。優先順位の付け方、つながりを強くする三角形など、人生を充実させ、社会を読み解くヒントが満載。

日経プレミアシリーズ104

カンブリア宮殿［特別版］
村上龍×孫正義

村上龍著・テレビ東京報道局編

「勝算7割で勝負せよ」「幸運の確率を高めよ」「志高く」――。時代の変化を巧みに読み取り、ソフトバンクを一代で巨大グループに育て上げた孫正義。創業30年の成功と危機を徹底取材する中で、浮かび上がった起業家としての資質、経営哲学、情報革命の行方とは――。作家・村上龍が「孫正義の現在と未来」に迫る。